A bientôt 2

Französisch für Fortgeschrittene

W0399054

Herausgegeben von
Manfred Götz, Philippe Grus
Jean Laubépin, Marie-Louise Parizet,
Rainer Rauch, Achim Rothacker und
Bernard Vidalenche

unter Mitwirkung und Leitung der
Verlagsredaktion Weiterbildung Fremdsprachen

Ernst Klett Verlag

Table des matières

Dossier	Thèmes	Situations et types de textes	Intentions énonciatives	Structures grammaticales
1	**Retour de vacances**	• Discussions entre amis après les vacances • Les Français et leurs vacances – texte documentaire	• se renseigner auprès de qn sur ses vacances • faire des compliments • exprimer sa joie/déception • raconter un événement • justifier qch	• opposition *passé composé/imparfait* • *être en train de* • subordonnées reliées par *et que* • *où* pronom relatif
2	**Vivre ensemble**	• Rapports grands-parents/parents – dialogue • Coup de téléphone entre un homme divorcé et un ami • Lettre d'une jeune pensionnaire • Une grand-mère moderne explique ses rapports avec ses petits-enfants – interview • Conversation entre père et fils étudiant • Réflexions sur le mariage et sur la vie en communauté – articles de journaux	• exprimer sa désapprobation • rappeler les paroles d'une autre personne • exprimer la nécessité/l'importance de qch • exprimer son opinion • exprimer un souhait • exprimer de l'inquiétude	• *le subjonctif présent* (formes et emploi) • *avant que, pour que*
3	**Fêtes et traditions**	• Cartes postales, cartes de vœux, faire-part • Interview sur les fêtes de fin d'année • Différentes formes de mariages – dialogues • Article de journal sur le 14-Juillet	• énoncer des projets • présenter des souhaits à qn et y répondre • s'associer à la joie de qn • exprimer sa compassion • inviter qn à agir	• *le futur simple* (formes et emploi) • la question par inversion

Inhaltsverzeichnis

Situationen und Textsorten	Sprechintentionen	Grammatische Strukturen	Seite
• Gespräche unter Freunden über die Ferien • Urlaubsverhalten der Franzosen – Sachtext	• einen Dritten nach seinen Ferienerlebnissen fragen • ein Kompliment aussprechen • Freude/Enttäuschung ausdrückem • über ein Erlebnis berichten • etwas erklären/ begründen	• Gegenüberstellung *passé composé/ imparfait* • *être en train de* • Nebensätze mit *et que* • *où* als Relativpronomen	10
• Beziehungen zwischen Großeltern und Eltern – Dialog • Telefongespräch eines geschiedenen Mannes mit einem Freund • Brief eines Mädchens aus dem Internat • Eine moderne Großmutter schildert ihre Beziehungen zu den Enkeln – Interview • Gespräch zwischen Vater und studierendem Sohn • Betrachtungen über die Ehe und das Leben in einer Wohngemeinschaft – Zeitungsartikel	• seine Mißbilligung ausdrücken • Äußerungen von Dritten wiedergeben • Notwendigkeit/Wichtigkeit ausdrücken • seine Meinung ausdrücken • einen Wunsch äußern • eine Sorge/Befürchtung ausdrücken	• Der *subjonctif présent* (Formen und Gebrauch) • *avant que, pour que*	20
• Postkarten, Glückwunschkarten und Anzeigen • Interview über die Feste zum Jahresende • Verschiedene Arten, Hochzeit zu feiern – Dialog • Zeitungsartikel über den 14. Juli	• Vorhaben beschreiben • gute Wünsche aussprechen und darauf reagieren • seine Mitfreude ausdrücken • sein Mitgefühl ausdrücken • jemanden zum Handeln auffordern	• Das *futur simple* (Formen und Gebrauch) • Die Inversionsfrage	32

Dossier	Thèmes	Situations et types de textes	Intentions énonciatives	Structures grammaticales
4	**Le monde du travail**	• A la recherche d'un emploi - coup de téléphone • Accidents du travail et Sécurité sociale – texte documentaire • Négociations salariales entre un chef du personnel et une employée – dialogue • Discussion sur le travail/chômage entre deux jeunes femmes à la recherche d'un emploi • Annonces classées: offres et demandes d'emploi • Curriculum vitae • Travail et temps libre – interview • La semaine de 35 heures – texte documentaire	• rappeler les paroles d'une autre personne • poser des questions visant à faire répéter ce qui n'a pas été compris • poser des conditions • promettre, suggérer, offrir de faire qch • refuser une offre • prendre position, argumenter	• *le gérondif* (forme et emploi) • la concordance des temps dans les subordonnées introduites par *que* et par *si* • *le futur* dans la phrase conditionnelle
5	**La publicité et nous**	• Avis sur la publicité – sondage d'opinion • Slogans publicitaires • Publicité d'un produit avec commentaires • Publicité mensongère, réclamations – dialogue • Publicité et consommation - interview et texte documentaire	• prendre position • louer un article • convaincre/persuader qn • exprimer des doutes • exprimer l'appartenance • exprimer son mécontentement • réclamer/exiger qch	• emploi et place des pronoms personnels compléments • formation et emploi des adverbes
6	**La francophonie**	• Pays francophones – texte documentaire • Le premier Festival International de la Francophonie - article de journal • Informations sur le Sénégal – extrait de dictionnaire • Langue et culture au Sénégal – interview • Perspectives d'avenir du français – article de journal	• énoncer des faits; les comparer • localiser un événement dans l'espace et dans le temps • prendre position: exprimer son accord/son désaccord	• les pronoms démonstratifs *celui . .*, *celle . .*, *ceux . .*, *celles . .* • les propositions négatives jointes par *ni* • expressions temporelles

Situationen und Textsorten	Sprechintentionen	Grammatische Strukturen	Seite
• Stellenbewerbung – Telefongespräch • Arbeitsunfälle und Sozialversicherung – Sachtext • Gehaltsgespräch zwischen Personalchef und Angestellter • Gespräch zwischen zwei jungen Frauen über Erfahrungen bei der Arbeitssuche • Stellenanzeigen • Lebenslauf • Arbeit und Freizeit – Interview • Die 35-Stundenwoche – Sachtext	• Äußerungen von Dritten wiedergeben • Rückfragen stellen • eine Bedingung ausdrücken • etwas versprechen/vorschlagen/anbieten • ein Angebot zurückweisen • Stellung nehmen, argumentieren	• Das *gérondif* (Form und Gebrauch) • Zeitenfolge in Objektsätzen • Das *futur* im Bedingungssatz	44
• Meinungsäußerungen zum Stichwort „Werbung" – Umfrage • Werbeslogans • Produktwerbung und Gespräch über das Produkt • Täuschung durch Werbung – Reklamationsgespräch • Werbung und Konsum – Interview und Sachtext	• Stellung nehmen • etwas anpreisen • jemanden überreden/überzeugen • Zweifel/Ungewißheit äußern • Zugehörigkeit ausdrücken • Unzufriedenheit äußern • Forderungen stellen	• Zwei Objektpronomen • Das abgeleitete Adverb	54
• Französischsprachige Länder – Sachtext • Festival der Frankophonie – Zeitungsartikel • Landeskundliche Angaben über den Senegal • Sprache und Kultur im Senegal - Interview • Zukunftsperspektive des Französischen – Zeitungsartikel	• Tatbestände angeben und vergleichen • einen Vorgang nach Ort oder Zeit einordnen • Stellung nehmen: zustimmen und ablehnen	• Die Demonstrativpronomen *celui . . . , celle . . . , ceux . . . , celles . .* • Die Verneinung mehrerer Satzteile • Zeitliche Beziehungen	66

Dossier	Thèmes	Situations et types de textes	Intentions énonciatives	Structures grammaticales
7	**Les loisirs**	• Le Facteur Cheval – texte documentaire • Comment meubler son dimanche – dialogue • Entraide entre voisins – dialogue • Un dimanche sans télé – sondage d'opinion • Comment occuper son temps de loisir – extraits d'articles de magazines	• exprimer ses craintes • faire une proposition • s'informer • demander de l'aide/apporter son aide à qn • réagir à des offres de loisirs soit par écrit, soit oralement	• le pronom relatif *dont* • *le subjonctif passé* (formes et emploi) • le pronom interrogatif *lequel* • l'interrogation partielle (sujet/objet) • la proposition interrogative (totale et partielle)
8	**Vivre autrement**	• A l'agence immobilière – dialogue • Lettre de revendication d'une association de défense • Destruction de l'environnement – chanson • Préoccupations d'une mère – dialogue • Renouveau à Vandoncourt – article de journal • Tract des Amis de la terre	• rapporter des faits qui se sont déroulés dans le passé en respectant la concordance des temps • faire des reproches à qn • protester, menacer • mettre en garde • donner des conseils	• *le plus-que-parfait* (formes et emploi) • le discours indirect
9	**La France des régions**	• Première émission d'une radio pirate • Discours d'un maire mécontent devant le Conseil municipal • Contraste entre le pouvoir central et la province – courrier de lecteur • Régionalisme en Flandre – interview • Minorités linguistiques en France – texte documentaire • Poème occitan	• inciter à faire qch • promettre qch • indiquer le but/la fonction de qch • exprimer son mécontement/sa déception • exprimer la condition et déduire un fait d'un autre • faire part d'une décision • commencer/conclure un discours • exprimer la nécessité de qch	• les formes du *conditionnel passé* • adjectifs et pronoms indéfinis • propositions conditionnelles • différents emplois de propositions introduites par *si*

Situationen und Textsorten	Sprechintentionen	Grammatische Strukturen	Seite
• Facteur Cheval - Sachtext • Freizeitplanung - Dialog • Nachbarschaftshilfe - Dialog • Fernsehfreier Sonntag - Meinungsumfrage • Anregungen für kreative Freizeitgestaltung - Zeitschriftenbeiträge	• Befürchtungen ausdrücken • einen Vorschlag machen • eine Information erfragen • Hilfe anbieten/erbitten • mündlich oder schriftlich auf Freizeitangebote reagieren	• Das Relativpronomen *dont* • Der *subjonctif passé* (Formen und Gebrauch) • Die Teilfrage mit *lequel* • Die Teilfrage nach dem Subjekt oder dem Objekt • Die Formen des Fragesatzes	76
• Beim Wohnungsmakler - Dialog • Protestschreiben einer Bürgerinitiative • Umweltzerstörung - Lied • Klage einer Mutter - Dialog • Neues Leben in Vandoncourt - Zeitungsartikel • Flugblatt der Umweltschützer	• Vorgänge der Vergangenheit in ihrer zeitlichen Abfolge darstellen • Vorwürfe äußern • protestieren, drohen • warnen • Ratschläge erteilen	• Das *plus-que-parfait* (Formen und Gebrauch) • Die indirekte Rede	88
• Erstausstrahlung eines Piratensenders • Abdankungsrede eines Bürgermeisters vor dem Gemeinderat • Gegensatz zwischen Zentralgewalt und Provinz - Leserbrief • Regionalismus in Flandern - Interview • Sprachliche Minderheiten in Frankreich - Sachtext • Okzitanisches Selbstverständnis - Gedicht	• zu etwas auffordern • etwas versprechen • einen Zweck, eine Absicht angeben • Unzufriedenheit/Enttäuschung äußern und begründen • eine Bedingung/Voraussetzung und deren Folge ausdrücken • eine Entscheidung mitteilen • eine Rede einleiten und beenden • Notwendigkeit ausdrücken	• Die Formen des *conditionnel passé* • Indefinite Begleiter und Pronomen • Bedingungssätze • Einige Verwendungsweisen von *si*-Sätzen	100

Dossier	Thèmes	Situations et types de textes	Intentions énonciatives	Structures grammaticales
10	**Les jeunes**	• Voiture ou moto? – dialogue • Préoccupations et vœux de la jeunesse actuelle – texte documentaire • Les jeunes et leur langage – dialogue • Service militaire et objection de conscience – dialogue et chanson • Les jeunes et leurs parents – interview • Les adolescents originaux et les médiocres – texte documentaire	• justifier qch • dénommer, définir, identifier qch • faire une proposition • contredire • exprimer de l'inquiétude/son mécontentement • mettre en garde, déconseiller de faire qch • argumenter	• *laisser* et *faire* suivi de l'infinitif • accord du participe passé
11	**Animaux, jardins, nature**	• Quitter Paris pour la campagne – dialogue • Un concours de pêche – bande dessinée • La chasse en France – texte documentaire • Bêtes abandonnées – extraits de journaux • L'homme et l'animal – commentaires de lettres d'auditeurs • Le jardinage en France – texte documentaire	• informer • exprimer une intention, faire des projets et localiser un événement dans le temps • exprimer sa satisfaction/son mécontentement • justifier qch	• *le futur antérieur* (formes et emploi) • le pronom personnel réfléchi *soi*
12	**Vers une Europe unie**	• Des jeunes Français disent ce qu'ils pensent des Allemands – enquêtes • Chaville et ses jumelages – texte documentaire • La CEE – texte documentaire • Les quatre pères de l'Europe – biographies • L'Allemagne au sein de l'Europe – interview avec Gaston Defferre • L'Europe des régions – texte documentaire	• prendre parti • nommer, justifier, rapporter • localiser un événement dans le temps et dans l'espace	• *le passé simple* • la voix passive • l'adjectif et son complément
				Grammaire dossiers 1–12
				La conjugaison des verbes
				Vocabulaire français – allemand
				Liste des mots

Situationen und Textsorten	Sprechintentionen	Grammatische Strukturen	Seite
• Auto oder Motorrad? – Dialog • Zielvorstellungen heutiger Jugendlicher – Sachtext • Die Sprache der Jugendlichen – Gespräch • Wehrpflicht und Wehrdienstverweigerung – Dialog und Chanson • Eltern und Kinder – Interview • Jugend zwischen Individualität und Vermassung – Sachtext	• etwas begründen • etwas benennen, definieren, identifizieren • einen Vorschlag machen • widersprechen • Sorge/Mißfallen ausdrücken • warnen; abraten, etwas zu tun • argumentieren	• *laisser* und *faire* + Infinitiv • Die Veränderlichkeit des Partizip Perfekt	110
• Stadtleben – Landleben – Dialog • Angelwettbewerb – Comic • Die Jagd in Frankreich – Sachtext • Das Aussetzen von Tieren – Presseausschnitte • Mensch und Haustier – Plauderei über Hörerbriefe • Gartenfreuden der Franzosen – Sachtext	• informieren • Absichten und Pläne äußern und zeitlich einordnen • Begeisterung/Mißfallen äußern • etwas begründen	• Das *futur antérieur* (Formen und Gebrauch) • Die Verwendung des freien Pronomens *soi*	120
• Ansichten französischer Jugendlicher über die deutschen Nachbarn – Meinungsumfrage • Partnerstadt Chaville – Sachtext • Die EG – Sachtext • Vier große Europäer – Biographien • Deutschland im künftigen Europa – Interview mit Gaston Defferre • Europa der Regionen – Sachtext	• Stellung nehmen • etwas benennen, definieren, identifizieren • einen Vorgang zeitlich und örtlich einordnen	• Das *passé simple* • Das Passiv • Das Adjektiv und seine Ergänzungen	130
Grammatik Dossier 1–12			142
Die Konjugation der Verben			160
Wörterverzeichnis Französisch-Deutsch			164
Alphabetische Wortliste			197

Dossier 1 Retour de vacances

Situation 1

Mme Lacoste	Vous avez passé de bonnes vacances?
M. Chevalier	Ne m'en parlez pas! Un vrai désastre.
Mme Lacoste	Ah bon?
M. Chevalier	On est allé en Ecosse. En général, il y fait beau en août, mais cette année, il a plu tout le temps. Les hôtels étaient chers et on y a très mal mangé.
Mme Lacoste	Quel dommage!
M. Chevalier	Et vous?
Mme Lacoste	Nous, comme on aime beaucoup la nature, on est allé chez des amis à la campagne. Promenades en forêt, pas de bruit, pas de transistors, nourriture saine. Il a fait un temps magnifique. On s'est bien reposé.
M. Chevalier	Il y a des gens qui ont de la chance!

Exercice 1

Sur le modèle de la Situation 1 utilisez les éléments ci-dessous pour parler de vos vacances, bonnes ou mauvaises . . .

Vous avez passé de bonnes vacances?

Un succès total.
Une réussite.

Il a fait beau.
beau temps.
un temps magnifique.
un temps très agréable.
On a eu un temps magnifique.
assez beau temps.
beaucoup de soleil.

Je suis ravie/contente de mes vacances.

Un échec complet.
Un désastre.
Une catastrophe.

Il a plu/neigé tout le temps.
Il a fait mauvais/froid.
On a eu de la pluie.
du vent.
du brouillard.
des orages.
du mauvais temps.
On a crevé de chaleur/froid.

Je suis déçu de mes vacances.

Je suis bien content
pour vous.
Quelle chance!
Vous en avez de la chance!

Comme c'est triste!
Quel dommage!
Ça, c'est pas de chance.
Pas de chance!

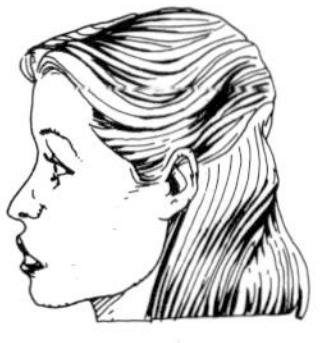

Exercice 2

Utilisez des éléments de a) et b) et faites des phrases sur le modèle:
Comme ils voulaient aller dans un pays chaud, ils sont allés au Maroc.

a)
- Ils voulaient aller dans un pays chaud.
- Il avait très soif.
- Nous n'avons pas beaucoup d'argent.
- Il faisait froid.
- Nous étions à la campagne.
- Elle aime bien l'Angleterre.

b)
- aller au Maroc
- ne pas aller à la plage
- y retourner cette année
- boire quatre cocas
- bien se reposer
- faire du camping

Situation 2

Bernard Tu as pris des vacances cette année?
Roland Bien sûr. Nous sommes allés sur la Costa Brava.
Ça fait trois jours qu'on est rentré.
Bernard Pour quelqu'un qui est allé au bord de la mer, tu n'es pas très bronzé.
Roland Oh, moi, tu sais, rester au soleil pendant des heures, et attraper des coups de soleil, ça ne m'amuse pas beaucoup. Remarque, j'aime bien la plage et me baigner avec les enfants. Mais comme j'ai la peau fragile, qu'il faisait très chaud et que nous étions tout le temps sur la plage, je me suis mis à l'ombre le plus souvent possible. On était sur une petite plage tranquille. C'était bien agréable.

Exercice 3

Vous rencontrez un collègue de bureau. Il est tout bronzé.
Imaginez le dialogue.

Qu'est-ce que vous êtes bronzé(e).	J'ai bien mangé et bien dormi.
Je vous trouve mauvaise mine.	J'ai la peau fragile.
Quel teint magnifique!	Je travaille trop.
Vous avez mauvaise mine.	Je me suis bien reposé(e).
Vous avez l'air en pleine forme.	Je supporte mal le soleil/la chaleur.
Vous avez une mine superbe.	Nous sommes allés au bord de la mer.
Vous avez l'air fatigué/crevé.	J'attrape toujours des coups de soleil.

Même situation avec:
- une amie qui a mauvaise mine.
- une autre qui a l'air en pleine forme, de retour de week-end.
- un vieux copain qui a l'air très fatigué.
- une voisine qui est toute rouge.

Exercice 4

Faites des phrases selon le modèle suivant:
Comme il pleuvait et qu'il faisait froid, nous sommes restés à la maison.

pleuvoir	faire froid	rester à la maison
avoir chaud	faire beau	?
faire chaud	?	boire une bière
être seul	avoir la paix	?
avoir des amis en Auvergne	ne pas connaître la région	?
?	être tard	prendre un taxi

Situation 3

Il faisait nuit quand je suis arrivé dans ce terrain de camping. Heureusement qu'il n'était pas complet parce que j'étais mort de fatigue. J'étais en train de monter la tente quand il s'est mis à pleuvoir. En plus, figurez-vous que ma lampe électrique a rendu l'âme. Obligé de monter la tente à la lumière des phares. Les vacances commençaient bien!

Exercice 5

Reliez a) et b) par «quand» selon le modèle:
Nous étions en train de dîner quand mon ami est venu me chercher.

a)	b)
Nous sommes en train de dîner	Mon ami vient me chercher.
Je fais mes courses	Je rencontre votre père.
J'attends le bus	Il se met à pleuvoir.
Je suis allongé dans le jardin	Mes parents arrivent.
Je suis en train de lui écrire	Elle me téléphone.
Nous regardons le match	La télé s'arrête.
Je veux partir en vacances	Je tombe malade.

L'Hôtel Bonséjour

Exercice 6

Les vacances de Marc:	vrai	faux
1. Marc avait une grande chambre très agréable.	☐	☐
2. Marc s'est bien reposé.	☐	☐
3. Les femmes de chambre faisaient trop de bruit.	☐	☐
4. Marc et sa femme sont contents, ils ont pris deux kilos.	☐	☐
5. Ils prenaient leurs repas à l'hôtel.	☐	☐
6. Les enfants de Marc ont été très agréables.	☐	☐
7. Les enfants de Marc ne voulaient pas rester à l'hôtel le soir.	☐	☐

Les vacances de Gérard:	vrai	faux
8. Gérard a mauvaise mine.	☐	☐
9. Gérard est allé au bord de la mer.	☐	☐
10. Gérard n'a pas pu partir en vacances.	☐	☐
11. Gérard voulait aller faire du camping avec sa femme.	☐	☐
12. A Paris, il n'a pas fait très beau au mois d'août.	☐	☐
13. Les musées et les cinémas étaient fermés.	☐	☐
14. Les vacances de Gérard ont été une réussite.	☐	☐

Exercice 7

Gérard raconte les vacances de Marc à sa femme. Elle trouve que Marc exagère.
Lisez et continuez.
«Tu sais bien que Marc n'est jamais content. Il se plaint toujours de tout. Je pense
- que l'hôtel n'était pas mal, . . .
- que la chambre était . . .,
- que les femmes de chambre . . .,
- qu'il (ne) faisait . . .,
- que la nourriture . . . et
- que les enfants . . .»

T Exercice 8

1. Comment est-ce que vous passez vos vacances? Seul(e), en famille ou avec des ami(e)s?
2. Est-ce que vous envoyez vos enfants en colonie de vacances? Pourquoi?/Pourquoi pas?
3. Est-ce que vous avez déjà été en colonie de vacances? Si oui, ça vous a plu?
4. Est-ce que vous êtes déjà resté(e) chez vous pendant les vacances? Si oui, qu'est-ce que vous avez fait?
5. Pour quelles raisons est-ce qu'on peut rester chez soi pendant les vacances?
6. Est-ce que vous trouvez que Marc a raison? Ou est-ce qu'il exagère?
7. Des vacances «idéales», qu'est-ce que c'est pour vous?

Situation 4

L'été est une saison qui a ses avantages et ses inconvénients. Par exemple, c'est la saison où il y a le moins de circulation dans Paris, mais où les routes connaissent des embouteillages monstres. Comme août est le mois où la majorité des gens prennent leurs vacances, les hôtels et les terrains de camping sont surpeuplés. Rares sont les endroits où on peut encore trouver le calme et la solitude . . .

Exercice 9

Faites des phrases complètes d'après les exemples suivants:
L'Auvergne est une région où on rencontre très peu de touristes étrangers.
L'Auvergne est la région où on trouve le plus de lacs volcaniques.

15 ans Août l'Auvergne Juin la Côte d'Azur Strasbourg	est	un/ l'endroit une/ la région un/ l'âge un/ le mois une/ la ville . . .	où	. . .

Tous en même temps aux mêmes endroits

La moitié des Français qui partent en vacances vont au bord de la mer au mois d'août. On comprend donc le surpeuplement de nos plages pendant cette période.

Il faut bien le reconnaître, l'étalement des vacances est un échec complet. On a recherché les causes de ce goût des Français pour les vacances en août. Certains rappellent qu'en France, avant la Première Guerre mondiale, la date des examens scolaires était fin juillet, ce qui ne laissait aux familles qu'août et septembre. D'autres parlent d'août 1936, l'année des premiers congés payés en France. De toute façon, pour la majorité des Français, vacances = mer et soleil. Et c'est en août qu'on est le plus sûr de trouver les deux à la fois.
Les gens qui peuvent se payer un voyage aux Bahamas pendant les mois d'hiver sont encore une toute petite minorité.

Il est donc inutile d'insister sur les inconvénients de ce non-étalement des vacances: les hôtels et les commerçants sont obligés de «faire leur année» en deux mois (juillet et août); les plages surpeuplées posent aux municipalités d'énormes problèmes sur le plan de la circulation et de l'hygiène. Pensez que la population d'une ville comme la Grande Motte passe de 2200 habitants en hiver à 35000 en été!

Les journalistes qui parlent chaque année de ce goût des Français pour les plages surpeuplées posent toujours la même question: pourquoi choisir de retrouver en vacances les inconvénients qu'on doit supporter toute l'année: bruit, embouteillages monstres (trois heures pour aller le 15 août de St. Tropez à Port Grimaud – six kilomètres!!!)? Un million de Français passent leurs vacances sous la tente ou dans leurs caravanes dans les 643 terrains de la Méditerranée française (y compris la Corse). Sans parler des étrangers! Pourquoi la mer? Parce que «tout le monde y va»?

Et pourtant, il reste encore beaucoup d'endroits merveilleux en France, où le calme est total et la nature intacte. Mais en Lozère, en Dordogne, dans les forêts d'Argonne ou ailleurs, loin de la foule et du bruit, rares sont les campeurs. Il faut croire que la solitude est pénible à supporter . . .

D'après Liliane Elsen, *Vivre avec ses loisirs,* Edition Le Centurion.

Exercice 10

Cochez la réponse qui correspond au texte.

1. La moitié des Français qui partent en vacances vont
   a) au bord de la mer en juin.
   b) à la montagne en août.
   c) à la mer en août.

2. En France, l'étalement des vacances est
   a) un succès total.
   b) un échec complet.
   c) plutôt une réussite.

3. Pour la majorité des Français, vacances =
   a) plage + beau temps.
   b) calme et solitude.
   c) Bahamas en hiver.

4. Le non-étalement des vacances en France
   a) présente de nombreux inconvénients.
   b) n'intéresse personne.
   c) est un avantage pour les hôteliers.

5. En août, les plages françaises sont surpeuplées
   a) parce qu'il n'y en a pas assez.
   b) parce que tout le monde va sur la même plage.
   c) parce que beaucoup de gens prennent leurs vacances pendant ce mois-là.

Exercice 11

Interview: répondez en fonction de ce que vous avez appris dans le texte.

Reporter	En France l'étalement des vacances est un échec. Pourquoi?	*Vous* ...
Reporter	Quelles pourraient en être les causes?	*Vous* ...
Reporter	Quels sont les inconvénients du non-étalement des vacances pour les municipalités?	*Vous* ...
Reporter	Et pour les vacanciers?	*Vous* ...
Reporter	Pourquoi est-ce qu'ils vont tous à la mer?	*Vous* ...
Reporter	Et si on veut passer ses vacances loin du bruit, où est-ce qu'on peut aller en France?	*Vous* ...

T Exercice 12

Trouvez d'autres arguments pour et/ou contre les formes de vacances suivantes:

	POUR	CONTRE
Hôtel	pas de cuisine à faire pas de soucis . . .	trop cher problèmes avec les enfants . . .
Location	plus grande liberté possibilité de recevoir des amis . . .	il faut louer longtemps à l'avance on a presque autant de travail qu'à la maison
Voyages organisés Camping Caravaning Vacances chez des parents/amis	. . . .	. . . .

T Exercice 13

a) D'accord? Pas d'accord? *Donnez votre avis.*

Pour moi, vacances = soleil. Pourquoi ne pas aller au soleil, si on vit toute l'année dans un pays froid? 	Pour moi, vacances = sports. J'aime faire de la voile en été et du ski en hiver. 
Pour moi, vacances = solitude. Je vois des gens toute l'année. 	Pour moi, vacances = avoir du temps pour la famille. Pendant l'année, ils ne me voient presque jamais. 
Pour moi, vacances = voyages. J'ai très envie de connaître le monde. 	Pour moi, vacances = bricoler et travailler dans le jardin. C'est une vraie détente. 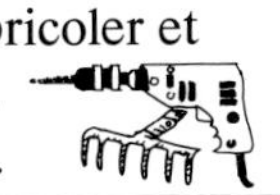

b) 1. Est-ce que vous pouvez choisir le moment où vous souhaitez prendre vos vacances?
2. Est-ce qu'on peut parler d'étalement des vacances en Allemagne? Pourquoi?/Pourquoi pas?
3. Est-ce que c'est un succès total?
4. Vous connaissez des régions où il y a plus de gens en été qu'en hiver/en hiver qu'en été?
5. De plus en plus d'étrangers viennent en France à partir de Pâques. Quels avantages est-ce qu'ils y trouvent?

Dossier 2 Vivre ensemble

Situation 1

M. Dumont	Tu es encore en train de tricoter? Tu es vraiment aux petits soins pour ta belle-fille.
Mme Dumont	Ecoute, Marie-France a beaucoup de mal à élever ses trois enfants. Il faut que nous l'aidions. C'est notre rôle de grands-parents.
M. Dumont	Mais tu ne l'aides pas. A mon avis, tu la gâtes. Tu es toujours en train de lui tricoter quelque chose, de lui faire un gâteau, de lui donner un tas de conseils, de t'occuper de sa maison. Tu sais, Jacques m'en a parlé l'autre jour. Il n'aime pas beaucoup que tu sois toujours chez eux. Il faut que tu les laisses un peu tranquilles.
Mme Dumont	C'est la jalousie qui vous fait parler, Jacques et toi. Moi je sais que Marie-France est très contente que je puisse l'aider et que je fasse des choses pour elle. Bon, je m'en vais. Il faut que j'aille la voir: on va au cinéma ensemble.

Il faut Ma fille est contente Jacques n'aime pas	que	nous aidions je fasse tu sois	nos enfants. des choses pour elle. toujours chez eux.

Exercice 1

Complétez d'après le texte.

- Mme Dumont aime . . .
- M. Dumont trouve . . .
- Jacquès n'aime pas que . . .
- Marie-France est contente que . . . et que . . .
- Mme Dumont s'en va. Il faut que . . .
- Elles doivent . . .

Exercice 2

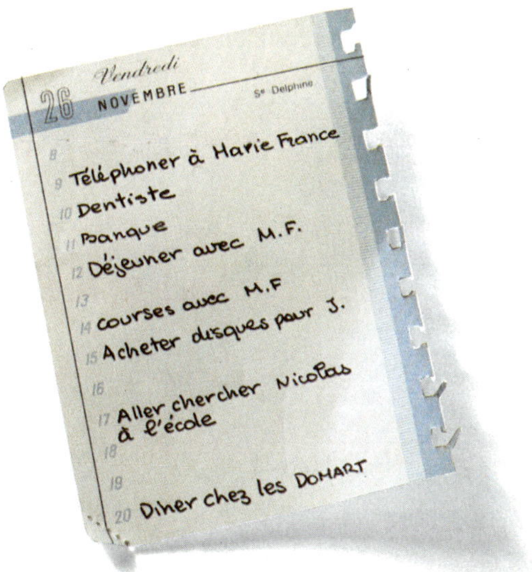

Une journée de Mme Dumont:

dites tout ce qu'il faut qu'elle fasse, et à quelle heure.

Exemple:
A 9 heures, il faut qu'elle téléphone à Marie-France.

T Exercice 3

a) Une grand-mère se plaint. Elle trouve que sa fille attend trop d'elle:
«Nous, les grands-mères, nous n'avons pas la vie facile: il faut toujours que nous aidions nos filles . . .» *Continuez.*

b) Une fille se plaint. Elle trouve que sa mère vient trop souvent la voir et s'occupe toujours de tout:
«Nous, les enfants, on n'est jamais tranquille. Mon mari et moi, nous n'aimons pas que ma mère . . .» *Continuez.*

Situation 2

Allô! … Tiens, salut, Pierre … Ah, non, pas ce soir: j'ai des invités … Quatre personnes … Si tu me voyais! J'ai un joli petit tablier blanc… C'est ça: je ressemble exactement à l'image du célibataire traditionnel … Mais si, j'aime faire la cuisine et puis je veux que mes invités soient contents … Bien sûr, c'est beaucoup de travail. Avant je ne me rendais pas compte. Depuis que je suis divorcé, j'ai appris à me débrouiller tout seul. Je pense qu'un homme doit savoir faire la cuisine … Je crois que c'est très utile … Comment? Est-ce que j'oserais faire un gâteau? Pourquoi pas? … Une tarte aux pommes? Je ne pense pas que ce soit très difficile. Tiens, tu me donnes une idée: je crois que je vais en faire une pour ce soir … Mais non, avec un bon livre de recettes, on réussit toujours … D'accord, on déjeune ensemble demain. Allez, salut, Pierre … Bonne soirée à toi aussi.

<table>
<tr><td>Je</td><td>crois
pense</td><td></td><td rowspan="2">que</td><td>c'est</td><td rowspan="2">utile.</td></tr>
<tr><td>Je ne</td><td>pense
crois</td><td>pas</td><td>c'est
ce soit</td></tr>
</table>

Exercice 4

Monique aime déjeuner au lit le matin, fumer, rouler vite en voiture, ne s'occuper que d'elle-même.
Georges aime discuter avec tout le monde, inviter des gens à la maison, jouer aux cartes, aller voir ses parents tous les dimanches.
Georges et Monique veulent divorcer. Ils n'ont pas les mêmes goûts et se font toujours des reproches. *Donnez-leur la parole:*

Monique Je n'aime (ne veux) pas que tu …
Georges Et moi, je n'aime (ne veux) pas que tu …

Exercice 5

Mettez le verbe entre parenthèses à la forme qui convient (indicatif ou subjonctif).

La fille Non, non, non, et non. Vous voulez que nous (aller) avec vous chez tante Lucie. Eh bien, non. Nous en avons assez de ces visites. Il faut toujours que nous (faire) ce que vous demandez. Et vous n'êtes pas contents que nous (être) d'un avis différent. Nous, la famille, on s'en fiche.

Le père Je trouve que vous n'(être) pas très sympa, ton frère et toi. Et vous dites que vous (aimer) votre tante!

La mère Vous savez bien que ça lui (faire) plaisir de vous voir de temps en temps.

Le père Moi je vais vous dire: je ne pense pas que vous l'(aimer), votre tante. Je sais ce qui vous intéresse; c'est l'argent qu'elle vous donne pour Noël, c'est tout!

Situation 3

Chère Erika

Depuis la rentrée, je suis en pension à Annecy et finalement je suis assez contente d'être ici. Je me suis déjà fait plusieurs copines. On s'amuse beaucoup, on chante et on rit tout le temps. Bien sûr, on travaille aussi. Mais il y a plus de possibilités ici que dans mon ancien lycée. On peut participer à un tas d'activités. On va parfois nager dans le lac avec la prof de gym. Elle a toujours peur qu'on fasse des bêtises et elle crie tout le temps. En général les profs sont sympas. Remarque, ils ne disent pas amen à tout ce qu'on veut faire. Ils ne nous permettent pas de fumer, par exemple. Je crois que je vais passer une très bonne année.

Je te quitte et t'embrasse bien fort

ton amie,
Laurence

P.S. Ecris-moi vite.

Exercice 6

Alain et Chantal veulent sortir ce soir. Leur père n'est pas tout à fait d'accord.

- *Père à Alain*
  1. Ne rentrez pas après minuit, vous allez être fatigués demain.
  2. Ne prenez pas la voiture, il va vous arriver un accident.
  3. Ne buvez pas d'alcool, vous allez être malades.
  4. N'allez pas dans les bars, vous allez faire de mauvaises rencontres.

La sœur d'Alain veut savoir ce que leur père a dit.
Formez les phrases d'après l'exemple.

- *Alain à Chantal*
  1. Papa ne veut pas qu'on rentre / que nous rentrions après minuit. Il a peur qu'on soit / que nous soyons fatigués demain.
  2. Il ne veut pas …

Exercice 7

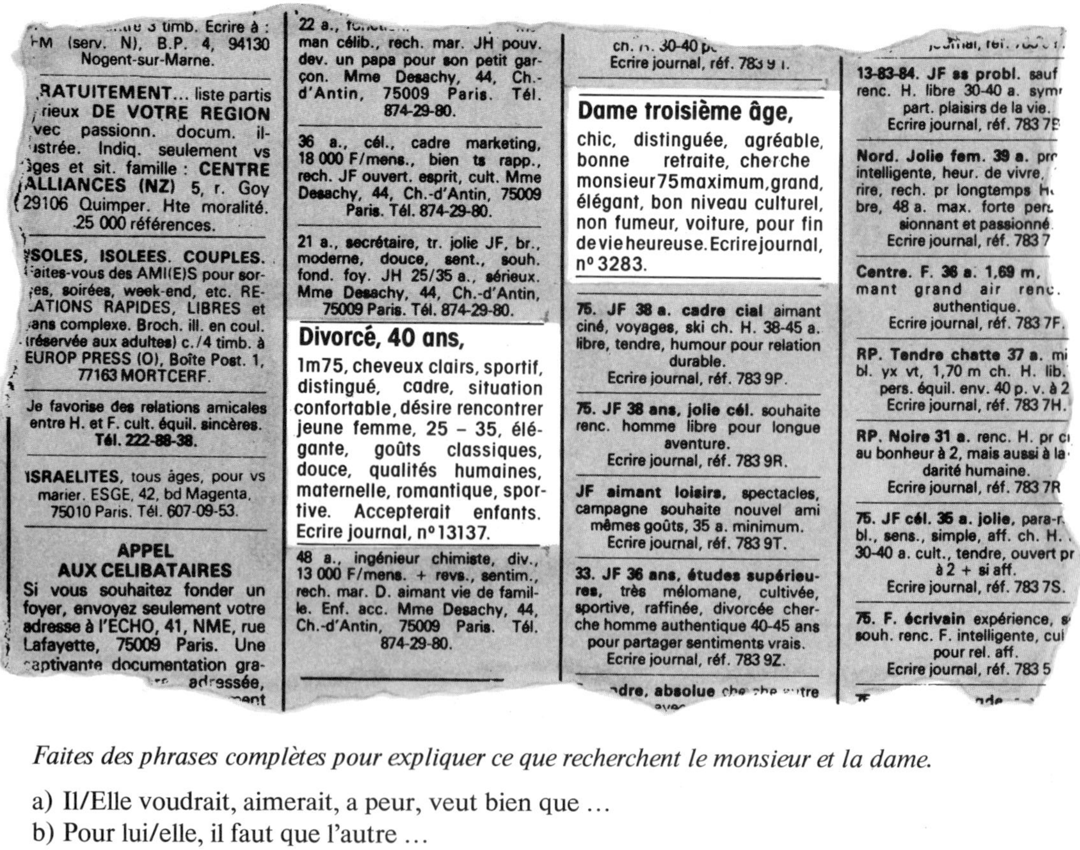

3 timb. Ecrire à : HM (serv. N), B.P. 4, 94130 Nogent-sur-Marne.

RATUITEMENT… liste partis rieux DE VOTRE REGION vec passionn. docum. illustrée. Indiq. seulement vs âges et sit. famille : CENTRE ALLIANCES (NZ) 5, r. Goy 29106 Quimper. Hte moralité. 25 000 références.

SOLES, ISOLEES. COUPLES. Faites-vous des AMI(E)S pour sorties, soirées, week-end, etc. RELATIONS RAPIDES, LIBRES et sans complexe. Broch. ill. en coul. (réservée aux adultes) c./4 timb. à EUROP PRESS (O), Boîte Post. 1, 77163 MORTCERF.

Je favorise des relations amicales entre H. et F. cult. équil. sincères. Tél. 222-88-38.

ISRAELITES, tous âges, pour vs marier. ESGE, 42, bd Magenta, 75010 Paris. Tél. 607-09-53.

APPEL AUX CELIBATAIRES
Si vous souhaitez fonder un foyer, envoyez seulement votre adresse à l'ECHO, 41, NME, rue Lafayette, 75009 Paris. Une captivante documentation gra- … adressée, …

22 a., … man célib., rech. mar. JH pouv. dev. un papa pour son petit garçon. Mme Desachy, 44, Ch.-d'Antin, 75009 Paris. Tél. 874-29-80.

36 a., cél., cadre marketing, 18 000 F/mens., bien ts rapp., rech. JF ouvert. esprit, cult. Mme Desachy, 44, Ch.-d'Antin, 75009 Paris. Tél. 874-29-80.

21 a., secrétaire, tr. jolie JF, br., moderne, douce, sent., souh. fond. foy. JH 25/35 a., sérieux. Mme Desachy, 44, Ch.-d'Antin, 75009 Paris. Tél. 874-29-80.

Divorcé, 40 ans,
1m75, cheveux clairs, sportif, distingué, cadre, situation confortable, désire rencontrer jeune femme, 25 – 35, élégante, goûts classiques, douce, qualités humaines, maternelle, romantique, sportive. Accepterait enfants. Ecrire journal, n° 13137.

48 a., ingénieur chimiste, div., 13 000 F/mens. + revs., sentim., rech. mar. D. aimant vie de famille. Enf. acc. Mme Desachy, 44, Ch.-d'Antin, 75009 Paris. Tél. 874-29-80.

… 30-40 … Ecrire journal, réf. 783 …

Dame troisième âge,
chic, distinguée, agréable, bonne retraite, cherche monsieur 75 maximum, grand, élégant, bon niveau culturel, non fumeur, voiture, pour fin de vie heureuse. Ecrire journal, n° 3283.

75. JF 38 a. cadre cial aimant ciné, voyages, ski ch. H. 38-45 a. libre, tendre, humour pour relation durable. Ecrire journal, réf. 783 9P.

75. JF 38 ans, jolie cél. souhaite renc. homme libre pour longue aventure. Ecrire journal, réf. 783 9R.

JF aimant loisirs, spectacles, campagne souhaite nouvel ami mêmes goûts, 35 a. minimum. Ecrire journal, réf. 783 9T.

33. JF 36 ans, études supérieures, très mélomane, cultivée, sportive, raffinée, divorcée cherche homme authentique 40-45 ans pour partager sentiments vrais. Ecrire journal, réf. 783 9Z.

…dre, absolue …

13-83-84. JF ss probl. sauf … renc. H. libre 30-40 a. sym… part. plaisirs de la vie. Ecrire journal, réf. 783 7…

Nord. Jolie fem. 39 a. pr… intelligente, heur. de vivre, … rire, rech. pr longtemps H… bre, 48 a. max. forte per… sionnant et passionné. Ecrire journal, réf. 783 7…

Centre. F. 36 a. 1,69 m, … mant grand air renc. … authentique. Ecrire journal, réf. 783 7F.

RP. Tendre chatte 37 a. mi… bl. yx vt, 1,70 m ch. H. lib. … pers. équil. env. 40 p. v. à 2 … Ecrire journal, réf. 783 7H.

RP. Noire 31 a. renc. H. pr c… au bonheur à 2, mais aussi à la … darité humaine. Ecrire journal, réf. 783 7R

75. JF cél. 35 a. jolie, para-… bl., sens., simple, aff. ch. H. … 30-40 a. cult., tendre, ouvert pr … à 2 + si aff. Ecrire journal, réf. 783 7S.

75. F. écrivain expérience, s… souh. renc. F. intelligente, cu… pour rel. aff. Ecrire journal, réf. 783 5…

Faites des phrases complètes pour expliquer ce que recherchent le monsieur et la dame.

a) Il/Elle voudrait, aimerait, a peur, veut bien que …
b) Pour lui/elle, il faut que l'autre …

Les nouvelles grand-mères

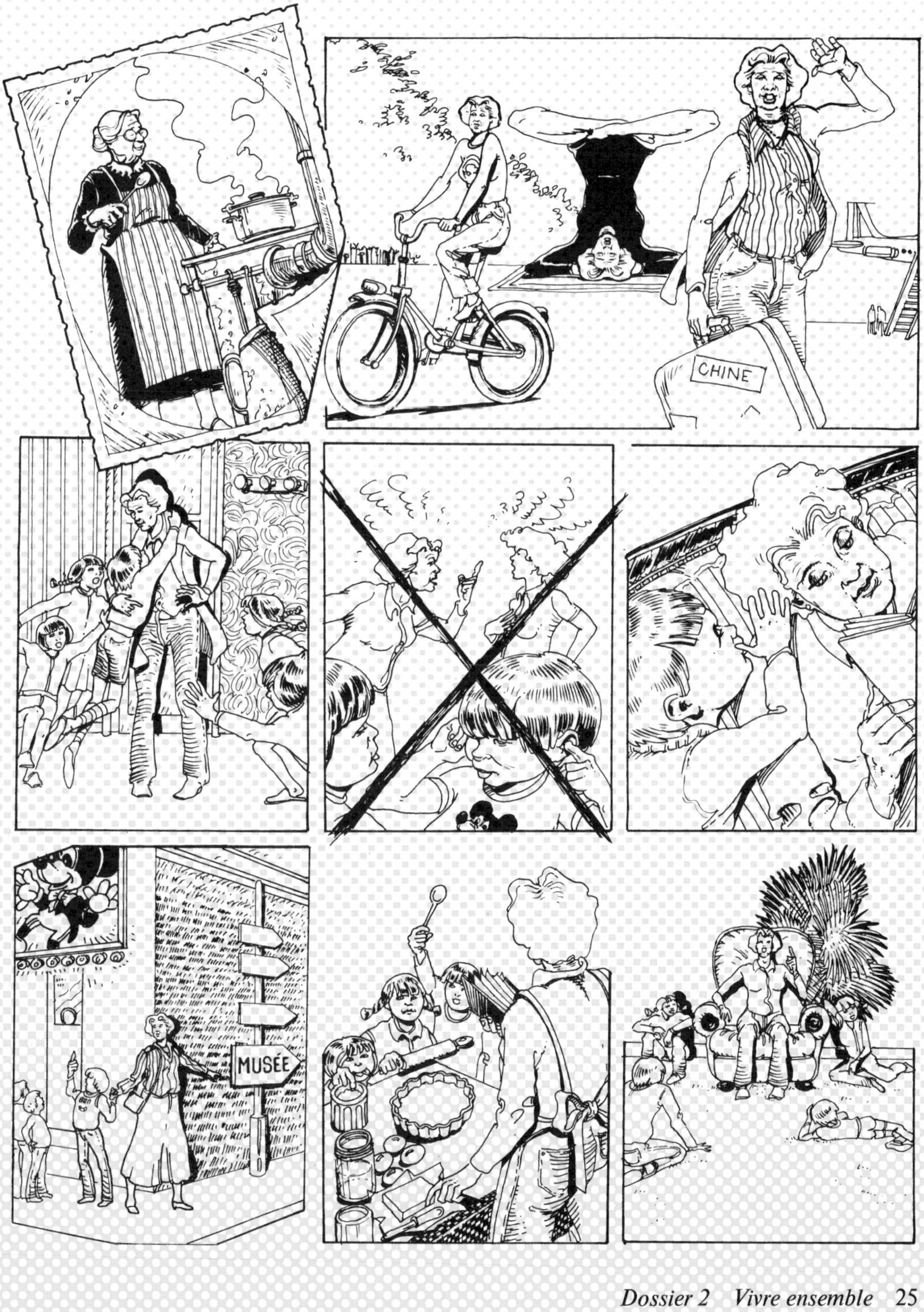

Exercice 8

Classez d'après le texte

Les grand-mères d'autrefois	Les nouvelles grand-mères
• portaient un chapeau • se faisaient des nattes avant d'aller se coucher • . . .	• font du vélo • voyagent beaucoup • . . .

Exercice 9

	vrai	faux
1. L'auteur avait une grand-mère tout à fait traditionnelle.	☐	☐
2. Les nouvelles grand-mères n'acceptent plus de garder leurs petits-enfants.	☐	☐
3. Le rôle des nouvelles grand-mères est de gâter leurs petits-enfants.	☐	☐
4. Marthe trouve que ses enfants la comprennent mieux depuis qu'ils sont parents eux-mêmes.	☐	☐
5. Elle ne veut pas qu'une certaine rivalité existe entre parents et grands-parents.	☐	☐
6. Quand les petits-enfants viennent la voir, elle a déjà préparé le programme de la journée.	☐	☐
7. Marthe n'a pas toujours le temps de répondre aux questions de ses petits-enfants.	☐	☐
8. Elle fait du sport avec eux.	☐	☐
9. A son avis, ses petits-enfants ne s'intéressent pas à tout ce qui est tradition.	☐	☐
10. Elle regrette un peu d'être grand-mère parce qu'elle se sent plus vieille maintenant.	☐	☐

T Exercice 10

Dans un club du troisième âge: trois personnes parlent de leur vie et de leur famille.
Imaginez la discussion.

Auguste Vinaud, 72 ans, veuf, une fille, deux fils et cinq petits-enfants. Il vit dans une maison de retraite.

Hélène Barre, 68 ans, divorcée. Elle vit avec sa mère (90 ans) dans une vieille maison de campagne.

Véronique Lapin, 78 ans, a un fils adoptif aux Etats-Unis. Elle vit seule dans son appartement.

Situation 4

Le fils Papa, il faudrait que tu me donnes un peu d'argent. Il faut que je m'occupe de ma chambre pour la rentrée avant qu'il soit trop tard.

Le père Ah! C'est vrai que Monsieur nous quitte. Monsieur va à l'Université en octobre. Mais, avant de payer, j'aimerais bien savoir combien ça va me coûter, cette chambre.

Le fils Oh, pas très cher. Avec Jean-Luc, on va prendre un studio à deux. La plupart de nos copains font ça, tu sais. Et on veut être près de la fac: c'est plus pratique.

Le père Et ça se trouve facilement, un studio près de la fac?

Le fils Selon l'argent qu'on a, oui. Et comme on est deux, on a un plus gros budget.

Le père Oui, mais vivre à deux, ça va poser des problèmes, tu sais.

Le fils Je crois que c'est surtout une question d'organisation. Et Jean-Luc et moi nous nous entendons très bien.

Le père Alors, bonne chance.

Je dois trouver une chambre	avant de	commencer mes études.
	avant qu'	**il** soit trop tard.

Situation 5

Non au mariage?

Autrefois, vivre ensemble sans être mariés demandait beaucoup de courage. Aujourd'hui, les 21-24 ans refusent le mariage de plus en plus. Il faut dire que leurs parents acceptent cette situation plus facilement. Ces jeunes couples veulent prouver qu'on peut construire son bonheur sans passer devant M. le Maire. Pas mal d'entre eux rêvent même de changer complètement les rapports dans le couple. Mais pour qu'une vie à deux réussisse, il ne suffit pas de rêver: il faut être prêt à remettre en question beaucoup d'idées traditionnelles. Parfois, il faut repartir à zéro . . .

Il ne faut pas être riche	pour	être heureux.
	pour qu'	**une vie** à deux réussisse.

Exercice 11

M. et Mme Grisard ont toujours des problèmes avec leur fils Jacques. Finalement, ils ont décidé de l'envoyer en pension.

Employez «avant que/avant de» *ou* «pour que/pour» *et mettez le verbe entre parenthèses à la forme qu'il faut.*

1. Les parents de Jacques veulent envoyer leur fils en pension … il (travailler) mieux en classe.
2. Ils veulent le faire … il (être) trop tard.
3. Les grands-parents lui ont acheté un transistor … il (pouvoir) écouter de la musique et … il ne (se sentir) pas trop seul.
4. … (partir) en pension, il va inviter tous ses amis … ils ne l'(oublier) pas.
5. … (choisir) la Pension Montaigne, les parents de Jacques en ont visité beaucoup.
6. Ils sont ensuite allés voir cette pension avec leur fils… (connaître) l'endroit où il va passer l'année.

Exercice 12

Quel mot ne fait pas partie du groupe?

1. marié, âgé, divorcé, célibataire
2. père, oncle, cadre, cousin
3. famille, maison de retraite, pavillon, hôtel
4. rire, regretter, se fâcher, se plaindre
5. jalousie, amour, mort, peur
6. chapeau, sac, tablier, pantalon
7. crier, appeler, parler, écouter
8. malade, désolé, déçu, content

Rêve communautaire

Les communautaires ont une idée fixe: le bonheur. Ils n'y pensent pas seulement: ils veulent aussi le construire. C'est pourquoi ils ont choisi de partir, puis de vivre ensemble. Où ça? Le plus souvent à la campagne, dans une vieille ferme. Là, ils essaient de repartir à zéro, pour être enfin heureux. Bien sûr, tous les bonheurs ne se ressemblent pas, chaque communauté cherche à construire son bonheur selon ses rêves et les rêves changent avec la communauté, avec le passé des communautaires. Tous n'ont pas vécu, évidemment, dans un HLM avec des parents alcooliques ou divorcés. Mais beaucoup ont quitté la banlieue de Paris ou d'une grande ville. Un beau jour, ils ont eu envie d'herbe verte et d'eau fraîche. Le bonheur, pour eux, semble être chose facile. Un communautaire le dit: «Pour nous, il faut que la vie soit douce, que les choses aillent sans bruit, que les gens fassent ce qui leur plaît.»

Sur le plan politique, la plupart des jeunes communautaires ne croient plus que les mouvements politiques classiques puissent apporter une réponse. Leur seul espoir est aujourd'hui la communauté. Etre heureux en communauté, c'est pour eux un acte politique.

Le bonheur, donc. Mais pourquoi en communauté? Pas seulement pour des raisons pratiques de nourriture et d'organisation. Pour oublier les parents, les patrons, l'ennui, il faut être plusieurs. Et pour que la vie change, il faut changer les rapports entre les gens et refuser l'agressivité. C'est ce que font les communautaires: ils s'aiment.

Une nouvelle sexualité fait partie du bonheur dont ils rêvent. Mais on ne change pas la vie sans conflits. La «révolution sexuelle» leur pose de nombreux problèmes. Avant qu'ils y parviennent, il faut qu'ils remettent en question toute leur éducation. Nouvelle sexualité signifie nouveaux rapports dans le couple. Pour les communautaires, il faut arriver à se débarrasser de la jalousie, ne plus considérer que l'autre vous appartient. Aimer l'autre, c'est avant tout vouloir qu'il soit heureux. Donc qu'il soit libre. Mais on n'y arrive pas facilement: l'agressivité et la jalousie reviennent parfois. Et les communautés connaissent souvent des crises. Mais il faut le courage de les accepter si l'on veut prouver que vivre autrement est possible.

D'après A. Gallien et Roger-Pol Droit, *La chasse au Bonheur,* Editions Calman-Lévy.

Exercice 13

1. Les communautaires ont choisi de partir
   a) pour passer des vacances ensemble.
   b) pour ne plus travailler.
   c) pour aller vivre ensemble.
2. Sur le plan politique
   a) ils sont pleins d'espoir.
   b) ils attendent tout des municipalités.
   c) ils n'attendent rien des mouvements politiques classiques.
3. Leur seul espoir est aujourd'hui
   a) de vivre ensemble en communauté.
   b) la Communauté européenne.
   c) de vivre dans un pays étranger.
4. Nouvelle sexualité signifie
   a) avoir une idée différente sur les couples.
   b) trouver de nouveaux amis.
   c) vouloir que l'autre vous appartienne.
5. Aimer l'autre, c'est avant tout
   a) vouloir qu'il reste avec vous.
   b) vouloir son bonheur.
   c) rechercher les conflits.
6. Les communautaires connaissent des crises, mais
   a) ils ne les acceptent pas.
   b) ils ne s'en rendent pas compte.
   c) ils essaient de vivre avec.
7. Les communautaires veulent prouver
   a) qu'on peut vivre de manière différente.
   b) qu'on peut vivre sans travailler.
   c) qu'on peut vivre heureux sans rien changer.

T Exercice 14

Une jeune fille dit à ses parents qu'elle va aller vivre dans une communauté. Imaginez la discussion entre cette jeune fille, son père, qui est tout à fait contre son projet, et sa mère, plus tolérante, qui cherche à la comprendre.

T Exercice 15

1. Imaginez les raisons de quelqu'un de votre famille (sœur, frère, enfant) pour aller vivre en communauté.
2. Si vous connaissez des communautés, parlez-en.
3. Est-ce que vous pourriez vous imaginer en communauté?
4. Est-ce que l'idée communautaire vous semble nouvelle?

T Exercice 16

Non/oui à la famille? - Oui/non au mariage?
Voici quelques interviews:

a) Ceux qui ont choisi la solitude:
   Philippe, 38 ans: Je préfère vivre seul. J'aime être libre, faire ce que je veux, quand je veux, avec qui je veux.
   Viviane, 30 ans: Nous étions onze enfants à la maison. Alors vous comprenez, maintenant j'ai envie de solitude.

b) Ceux qui préfèrent la vie en famille:
   Jean-Marie, 32 ans: J'aime bien retrouver ma femme et mes enfants le soir, après le travail.
   Christine, 40 ans: Mon mari et mes enfants, c'est toute ma vie.

- Dites ce que vous pensez des raisons de Philippe et de Viviane pour rester seuls; de Jean-Marie et de Christine pour vivre en famille.
- Est-ce qu'on peut avoir d'autres raisons pour vouloir rester seul/se marier?

T Exercice 17

On dit parfois que tout le monde n'a pas la même idée de ce qu'est une famille. Voici le résultat d'une enquête *(Nouvel Observateur,* 15/IX/1976).

	C'est tout à fait une famille	Ce n'est pas vraiment une famille	Ça n'a rien à voir avec une famille	Ne savent pas
Un couple marié qui a décidé de ne pas avoir d'enfants	14	38	44	4
Une femme divorcée qui vit avec ses enfants	38	49	9	4
Un homme divorcé qui vit avec ses enfants	35	50	11	4
Un couple non marié qui a des enfants	54	28	13	5
Un couple non marié qui a décidé de ne pas avoir d'enfants	7	15	72	5

A votre avis ...
- Pour quelles raisons est-ce qu'un couple marié peut décider de ne pas avoir d'enfants? Et un couple non marié?
- Quels peuvent être les problèmes que rencontre une femme/un homme qui élève son enfant/ses enfants seul(e)?
- Pour quelles raisons est-ce qu'un couple avec enfants peut refuser le mariage?

Dossier 3 Fêtes et traditions

Situation 1

On a de nombreuses occasions d'envoyer des cartes à ses amis et parents. En vacances, on envoie des cartes postales; pour le nouvel an, des cartes de vœux. On envoie aussi des cartes pour les anniversaires.

Exercice 1

Dites ce que Pierre et Annick feront à Florence.
Voici leurs projets: visiter la Galerie des Offices, voir le David de Michel-Ange, dîner chez Fabrizzi, aller sur le Ponte Vecchio, acheter des souvenirs.

Exercice 2

Mr James S. Andrews de New York va faire un voyage d'affaires en Europe.
Dites où il sera et ce qu'il fera:

- le 19 à Rome, voir M. Marinelli.
- le 22 à Rotterdam, rencontrer M. Van de Velde.
- le 24 à Oslo, déjeuner avec M. Svendsen.

Dites ce que vous ferez dimanche prochain. Posez cette même question à votre voisin.

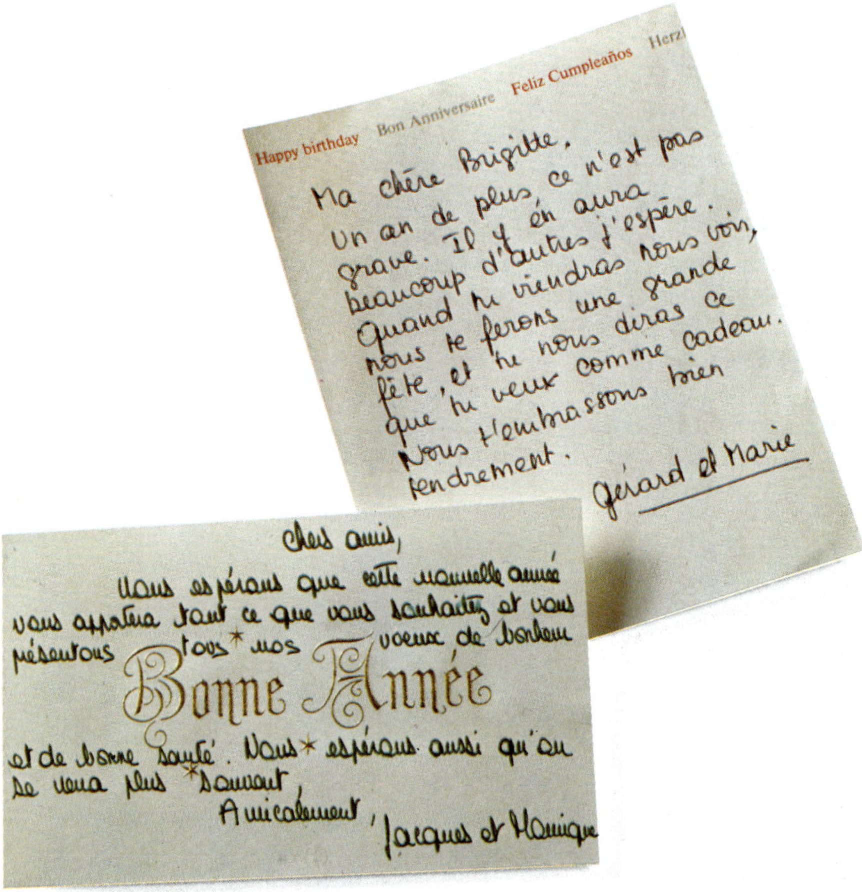

Exercice 3

Les amis de Jacques et Monique répondent à la carte de vœux et disent qu'ils vont venir leur rendre visite bientôt (arrivée le 15 janvier au soir, par le train de 18h35, séjour de trois jours, départ le 19 au matin par le train de 9h12).

Complétez le début de cette lettre avec les éléments ci-dessus.

Cher Jacques et chère Monique,
A notre tour, nous vous présentons …

Exercice 4

Brigitte a répondu: elle viendra le week-end prochain; comme cadeau elle voudrait un disque de musique classique. Gérard et sa femme parlent de la fête qu'ils vont faire pour Brigitte (repas, amis à inviter, disque à acheter). *Imaginez leur dialogue.*

Situation 2

Reporter Vous, Monsieur, comment passez-vous Noël?

Monsieur Moi? En famille, bien sûr. Noël, c'est la fête des enfants. Une année, nous allons chez mes parents, l'année suivante dans ma belle-famille.

Reporter Et que ferez-vous pour le jour de l'an?

Monsieur Un bon réveillon dans un endroit où on s'amuse.

Reporter Avec huîtres, foie gras et champagne?

Monsieur Bien sûr. Il faut respecter la tradition!

Reporter Et vous, Madame. Avez-vous l'intention de faire un bon réveillon dans un bon restaurant?

Dame A 4 ou 500 F par personne? Vous plaisantez! Nous ferons un bon petit repas entre amis à la maison. Si vous voulez mon opinion, je trouve scandaleux de dépenser tout cet argent alors que tant de gens ont faim dans le monde.

Comment	passez-vous	Noël?	– En famille.
Que	ferez-vous	le jour de l'an?	– Un bon petit repas.
	Avez-vous	l'intention d'aller au restaurant?	– Oui./Non.

T Exercice 5

1. Pouvez-vous dire
   - comment vous passerez Noël cette année?
   - si vous connaissez les traditions de Noël et du jour de l'an dans votre région?
   - si vous préférez la solution du monsieur ou de la dame de la *Situation 2?*
2. Posez les mêmes questions à votre voisin/voisine.
3. Que savez-vous des traditions de Noël dans d'autres pays?

Situation 3

Pour informer les gens des naissances, mariages et décès, la tradition veut qu'on envoie des faire-part. Elle veut aussi qu'on y réponde!

Monsieur et Madame Bergeret

ont la joie de vous faire part
de la naissance de

Alain

le 4 janvier 1980.

Lotissement «La Jonque»,
Allée des Pins, 13009 Marseille

Meilleurs Souhaits!

Bienvenue en ce monde à Alain, et chaleureuses félicitations aux parents

Michèle

LA FAMILLE TESSIER

vous fait part du décès de Monsieur Julien TESSIER
le 5 Décembre 1979, dans sa 65 ème année.

Les obsèques ont eu lieu dans la plus stricte intimité.

MADAME JULIEN TESSIER
6, rue Gavarni
75016 Paris

C'est avec beaucoup de peine que nous venons d'apprendre la triste nouvelle. Vous savez combien nous aimions Léon. Nous vous présentons nos condoléances les plus sincères.

Anne et Pierre Dubois

M. le Baron et Mme la Baronne E. de la Ménardière,
Château des Iffs,
M. et Mme Jean Dumouriez,
9, rue Milton, Paris 9e

sont heureux de faire part du mariage
de leurs enfants

Arnaud et Véronique

qui sera célébré le vendredi 5 décembre 1980,
à 15 heures, en l'église St. Pierre de Vernet.

Situation 4

Henri Qu'est-ce qu'il y a au courrier?

Christiane Une lettre de Véronique et un faire-part. Elle se marie le mois prochain. Tu ne devineras jamais avec qui! Le baron Arnaud de la Ménardière.

Henri Alors ça va être le mariage en grand tralala.

Christiane Avec réception au château, mon cher! Et tu sais où ils iront en voyage de noces? Aux Seychelles. Ensuite, les pauvres petits chéris auront bien des problèmes. Il faudra qu'ils s'installent à Neuilly. Oui, les beaux-parents de Véronique leur offrent en cadeau de mariage un appartement qui donne sur le bois de Boulogne.

Henri Ecoute, je n'ai aucune envie d'y aller. Tu lui répondras que nous serons aux Bahamas …

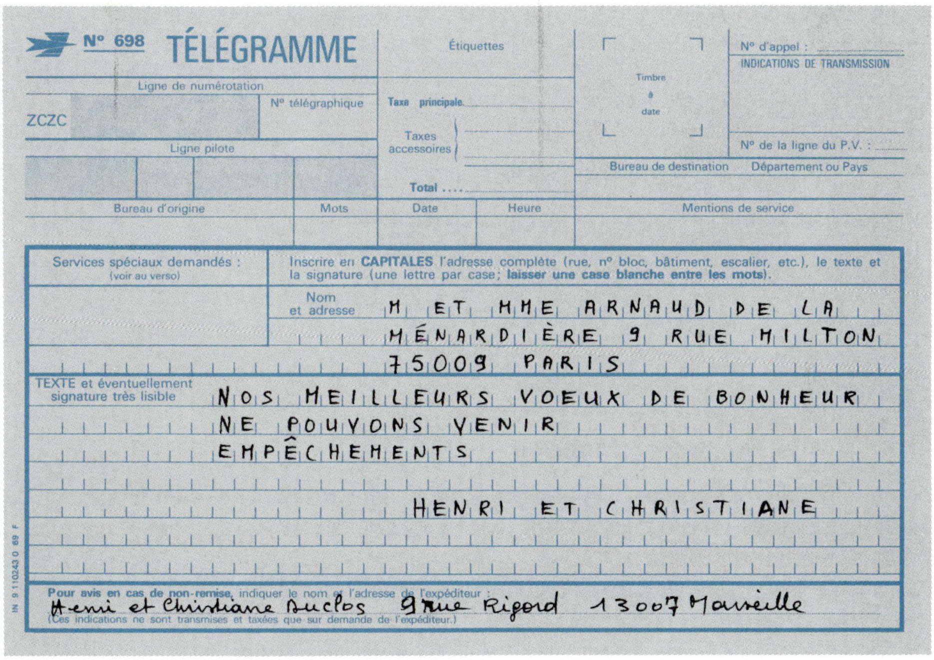
N° 698 TÉLÉGRAMME

Ligne de numérotation | N° télégraphique | ZCZC | Ligne pilote | Étiquettes | Taxe principale | Taxes accessoires | Total | Timbre à date | N° d'appel : | INDICATIONS DE TRANSMISSION | N° de la ligne du P.V. : | Bureau de destination | Département ou Pays | Bureau d'origine | Mots | Date | Heure | Mentions de service

Services spéciaux demandés : (voir au verso)

Inscrire en CAPITALES l'adresse complète (rue, n° bloc, bâtiment, escalier, etc.), le texte et la signature (une lettre par case; laisser une case blanche entre les mots).

Nom et adresse: M ET MME ARNAUD DE LA MÉNARDIÈRE 9 RUE MILTON 75009 PARIS

TEXTE et éventuellement signature très lisible: NOS MEILLEURS VOEUX DE BONHEUR NE POUVONS VENIR EMPÊCHEMENTS

HENRI ET CHRISTIANE

Pour avis en cas de non-remise, indiquer le nom et l'adresse de l'expéditeur : Henri et Christiane Duclos 9 rue Rigord 13007 Marseille

(Ces indications ne sont transmises et taxées que sur demande de l'expéditeur.)

IN 9 110243 0 69 F

Exercice 6

1. *Imaginez les différentes réactions de Christiane:*
   a) Elle n'a pas envie non plus d'aller à ce mariage. Qu'écrit-elle à Véronique?
   b) Elle aimerait bien y aller. Elle cherche à convaincre son mari. Imaginez le dialogue.
   c) Finalement, Henri s'est laissé convaincre par les arguments de sa femme. Formulez la réponse de Christiane à Véronique.
2. Vous et votre famille êtes invités à un mariage. Avant d'y aller, il y a plusieurs choses à faire: des fleurs à commander chez la fleuriste, une petite carte à écrire, le cadeau à acheter et … la voiture à laver! Vous dites à chacun ce qu'il devra faire.

Exercice 7

Vous êtes invité(e) à une surprise-partie.
Vous acceptez l'invitation et demandez des renseignements au téléphone. Vous voulez savoir

- où ça aura lieu
- à partir de quelle heure
- si vous pouvez rester pour dormir
- qui est invité
- s'il faut apporter quelque chose
- s'il faut participer aux dépenses
- ce qui est prévu au menu
- si on va danser
- comment s'habiller

Quelques formules d'usage

Vous aurez peut-être à répondre à un faire-part d'amis français. Voici quelques expressions utiles:

Naissance

- Sincères félicitations à l'occasion de l'heureuse naissance.
- Un grand bonjour à Marc à qui nous souhaitons longue et heureuse vie.
- Bonjour à toi, Cécile et bonnes nuits à tes parents!

Mariage

- Nous sommes très heureux d'apprendre le prochain mariage de vos enfants Jean-Pierre et Nathalie. Nous vous adressons nos félicitations sincères ainsi que nos vœux de bonheur aux futurs époux.
- Nous vous présentons nos vœux de bonheur les plus sincères.
- Toutes nos félicitations aux nouveaux époux.
- Ça y est ... la corde au cou? Meilleurs vœux de bonheur.

Décès

- C'est avec beaucoup de peine que nous venons d'apprendre la triste nouvelle. Recevez nos condoléances les plus sincères.
- Nous venons d'apprendre la triste nouvelle. C'est une grande perte pour ses nombreux amis. Nous vous présentons nos condoléances les plus sincères.

Le mariage d'Odile

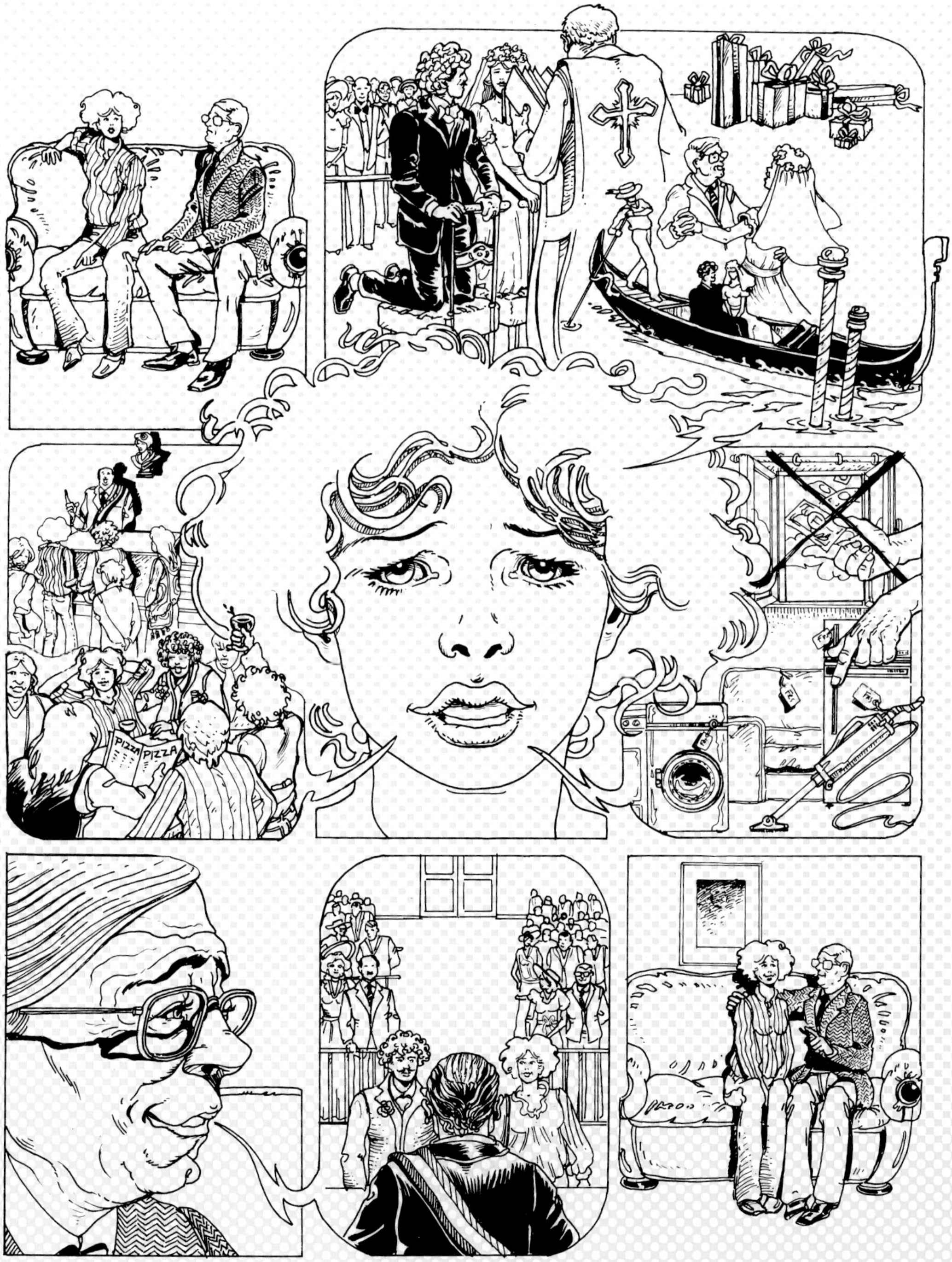

Exercice 8

	vrai	faux
1. La mère d'Odile pleure à cause du mariage de sa fille.	☐	☐
2. Elle ne veut pas que sa fille se marie.	☐	☐
3. La mère et la fille ne sont pas d'accord sur le style du mariage.	☐	☐
4. Le père donne raison à sa femme.	☐	☐
5. Les jeunes gens veulent se marier à l'église.	☐	☐
6. Le père trouve que sa fille est égoïste.	☐	☐
7. Il est contre un mariage civil.	☐	☐
8. Il propose qu'il y ait deux mariages pour contenter tout le monde.	☐	☐

T Exercice 9

1. *Complétez les listes ci-dessous.*

a)

Ce qui fait partie d'un mariage en grand tralala	tout simple
• réception dans un grand hôtel • voyage de noces aux Bahamas/ Seychelles etc. • ...	• déjeuner chez soi ou dans un petit restaurant • excursion en Forêt Noire/Alsace • ...

b)

Les arguments en faveur d'un mariage en grand tralala	tout simple
• fait plaisir aux invités • satisfait les parents • ...	• ne coûte pas aussi cher • est plus de notre époque • ...

2. *Faites une table ronde et discutez sur le thème* «Mariage en grand tralala – pour ou contre».

T Exercice 10

1. Si vous êtes marié(e), racontez comment s'est passé votre mariage: vêtements, invités, repas de noces, cadeaux, voyage de noces.
2. Si vous allez vous marier, dites quels sont vos projets.
3. Avez-vous eu des problèmes au moment de vous marier?
4. Y a-t-il des traditions de mariage dans votre famille, dans votre région?
5. Avez-vous déjà assisté à un grand mariage? Pourriez-vous le raconter?
6. Si vous étiez à la place des parents d'Odile, que feriez-vous?
7. Si vous étiez à la place d'Odile (ou d'Hubert) accepteriez-vous la proposition du père d'Odile? Est-ce qu'il s'agit là d'un bon compromis?
8. Envoyez une lettre à un(e) ami(e) pour l'inviter à votre mariage. Dites-lui où et comment les choses vont se passer.

14-Juillet au village

11 heures, place de la Mairie. Des gens endimanchés, des petits vieux en costume, mais pas de cravate: il fait trop chaud; des petites vieilles aussi, chapeaux noirs et robes fleuries; beaucoup de touristes; des drapeaux tricolores aux fenêtres; des haut-parleurs à tous les coins de rues; le village inondé de musique. On a du mal à s'entendre. On parle fort. Soudain la musique s'arrête. On respire. On se regarde l'air soulagé. Mais le silence ne dure pas: au loin retentit une marche militaire. C'est la fanfare municipale qui s'approche. La voici qui sort de la rue Clémenceau et arrive sur la place, précédée des inévitables majorettes.

Au même moment, M. le Maire suivi des élus de la commune sort de la Mairie et s'avance lentement vers le Monument aux Morts, une gerbe dans les bras. La fanfare s'arrête de jouer. Les conversations cessent. Le maire prononce un discours où il est question de la République, Prise de la Bastille, Liberté, Egalité, Fraternité. Chacun prend un air sérieux, sauf les enfants qui ne comprennent pas bien. Ici, comme dans chaque commune de France, on célèbre le 14-Juillet, fête nationale, républicaine.

Mais le souvenir dure peu. Quelques minutes à peine, en cette belle matinée d'été. Car pour la majorité des gens, le 14-Juillet, c'est la fête. Depuis quelques jours, dans toute la commune, des affiches parlent du Concours de Boules et du Grand Bal à 22 heures, avec un orchestre venu de la ville! Hier les marchands de glace et de frites, les manèges, les loteries et les stands de tir sont arrivés et se sont installés sur le grand parking. Mais la fête ne commencera vraiment que cet après-midi. Comme dans chaque commune de France, il y aura des jeux. Des jeux pour tout le monde, petits et grands: la course en sac, la course de l'œuf dans la cuillère, et le concours de boules, bien sûr. Les gens viendront de tous les petits villages des environs. Les touristes aussi. Il ne faudra surtout pas manquer le concours de chant. Après dîner, tout le monde voudra voir le feu d'artifice, les enfants surtout qui n'iront se coucher qu'après. Enfin, le bal, où l'orchestre «de la ville» fera de son mieux pour contenter les jeunes, avec les chansons à succès du moment et les bons vieux rocks, et les moins jeunes («on dira ce qu'on voudra mais rien ne vaut une bonne valse»). Et pour respecter la tradition, on verra des femmes danser entre elles.

On boira beaucoup aussi, trop parfois, et il y aura quelques bagarres. Mais les gendarmes seront là et tout rentrera vite dans l'ordre.

C'est ça le 14-Juillet en France, une fête toujours réussie: prenez une place publique, mettez des petits drapeaux autour, ajoutez beaucoup de bruit et de musique, une pincée de souvenir, arrosez d'alcool, et servez bien chaud sous le soleil de l'été. Connaissez-vous une recette plus simple?

Exercice 11

1. Le 14 juillet, les gens sont endimanchés
   a) parce que c'est fête.
   b) parce qu'il fait beau.
   c) parce que c'est l'été.

2. Les hommes ne portent pas de cravate
   a) parce qu'ils sont trop vieux.
   b) parce que l'été, il fait chaud.
   c) parce que c'est dépassé.

3. Le Maire s'approche du Monument aux Morts
   a) pour parler au chef de la fanfare.
   b) pour déposer une gerbe.
   c) pour voir les élus de la commune.

4. Pour la majorité des gens, le 14-Juillet c'est surtout
   a) la fête du souvenir de la Révolution française.
   b) une fête où on danse et où on s'amuse.
   c) le début de l'été.

5. Il y aura des bagarres
   a) parce qu'il y a des gendarmes.
   b) parce qu'on boit trop.
   c) parce que c'est la tradition.

6. Le 14-Juillet est une fête
   a) folklorique.
   b) militaire.
   c) nationale.

Exercice 12

1. Décrivez les gens qu'on voit dans les rues en ce 14 juillet.
2. Qu'est-ce qui donne un air de fête au village?
3. Pourquoi a-t-on du mal à s'entendre?
4. Qu'est-ce qu'on entend après la musique des haut-parleurs?
5. De quoi parle le maire dans son discours?
6. Que peut-on lire sur les affiches dans toute la commune?
7. Qu'y a-t-il sur le grand parking?
8. Que se passe-t-il l'après-midi?
9. Comment finira la fête?

Exercice 13

Cherchez dans le texte des expressions qui correspondent
a) à ce qu'on entend.   b) à ce qu'on voit.

Exercice 14

Trouvez dans le texte des synonymes de

a) avoir de la difficulté à
b) tout à coup
c) marcher vers
d) s'arrêter
e) fêter
f) la plupart des
g) aller dormir
h) faire tout ce qu'on peut
i) quelquefois
j) un peu de

T Exercice 15

1. Avez-vous déjà assisté à un 14-Juillet en France? Si oui, est-ce que les choses se passaient comme dans le texte?
2. Pouvez-vous comparer le 14-Juillet en France au 17-Juin en Allemagne?
3. A quelles fêtes populaires avez-vous assisté en France, en Allemagne ou ailleurs?
4. Quelles différences voyez-vous entre le 14-Juillet en France et des fêtes que vous connaissez chez vous (kermesses, foires, carnavals, fêtes foraines, fêtes de la bière)?

T Exercice 16

Ecrivez à des amis français et invitez-les à venir passer quelques jours dans votre région à l'occasion d'une fête. Parlez-leur de cette fête.

Dossier 4 Le monde du travail

Situation 1

«Allô? La société Minerva? . . . Je voudrais parler à M. Villaret, s'il vous plaît . . . Allô? M. Villaret? . . . Je vous téléphone de la part de M. Lambert, de Nantes . . . Il m'a dit que vous cherchiez un agent commercial . . . Il ne m'a pas promis que vous m'embaucheriez. Il pensait que vous me proposeriez peut-être un emploi, c'est tout . . . Je n'ai pas compris . . . Si j'ai de l'expérience? Oui, ça fait dix ans que je suis dans l'import-export . . . Vous dites? . . . Je ne savais pas que c'était pour la province . . . Si, si, ça m'intéresse! Vous voulez dire que vous avez quelque chose pour moi? . . . Combien? . . . Pourriez-vous répéter, s'il vous plaît? . . . Pour ce salaire, ça vaut la peine d'aller travailler à Marseille . . . D'accord. A demain, neuf heures, à votre bureau . . . Poitou. Gérard Poitou. Au revoir et merci, M. Villaret . . . Oui, oui, j'apporterai mes certificats de travail et mon curriculum vitae . . . A demain.»

Il ne	sait savait	pas que	c'est c'était	pour la province.
Il	pense pensait	que	vous m'embaucherez. vous m'embaucheriez.	

Exercice 1

1. Et Monsieur Villaret, que dit-il? Vous avez entendu le texte de Monsieur Poitou. Trouvez les répliques possibles de Monsieur Villaret.
2. Ecoutez la conversation originale entre ces deux messieurs. Jouez la scène à deux.
3. Si vous le désirez, vous pouvez changer le texte et parler de vos expériences. (La ligne est très mauvaise. Chacun comprend mal ce que dit l'autre et le fait répéter.)

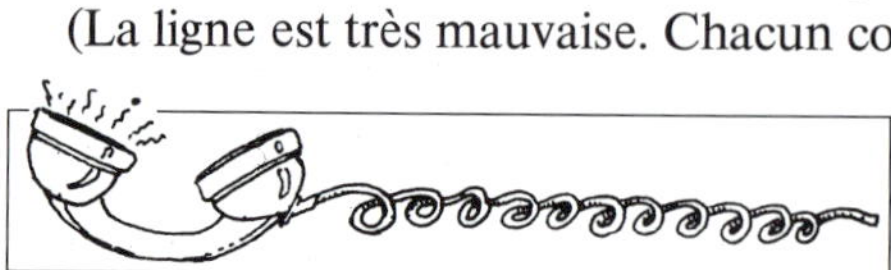

Pardon?	Je n'ai pas compris.
Vous dites?	Vous pourriez répéter, s.v.p.?

Exercice 2

Extraits d'une lettre de G. Poitou à son ami J. Lambert.
Mettez le verbe à la forme qui convient.

[. . .] Il est vrai qu'avant de venir, je ne savais pas qu'il (être) si difficile de trouver un appartement à Marseille. [. . .] Je croyais que les bureaux (être) dans le centre, mais ils sont à l'autre bout de la ville. [. . .] Je ne savais pas non plus que j'(avoir) autant de travail. [. . .] Je savais bien que je n'(avoir) pas beaucoup de vacances cette année mais je pensais que je (pouvoir) au moins les prendre quand je (vouloir). [. . .] Heureusement, les montagnes ne sont pas loin. Avant de venir je ne savais pas qu'on (pouvoir) faire du ski dans la région. [. . .] Je pensais que je ne (rester) pas longtemps chez Minerva et que ma femme ne (supporter) pas la vie en province, mais finalement nous sommes bien contents d'être ici.

Situation 2

La sécurité

La sécurité doit être le souci premier de tous ceux qui ont la responsabilité de vies humaines. Les accidents du travail sont nombreux (en moyenne 4000 accidents mortels par an) et coûtent cher au pays et à l'entreprise (moyenne annuelle: cent millions de journées de travail perdues).
Un travailleur qui se fait mal ou se blesse en travaillant pourra obtenir un certificat médical qui lui donnera droit à un arrêt de travail. Par exemple, un ouvrier qui se casse une jambe en tombant d'une échelle sera en arrêt de travail pendant presque deux mois. La Sécurité Sociale paiera tous ses frais médicaux et lui versera 70% de son salaire.

Exercice 3

Faites toutes les phrases possibles en combinant a) et b) selon le modèle suivant:
Vous pouvez gagner plus en travaillant la nuit.

a)
1. Comment finir plus tôt?
2. Comment ne pas avoir d'accident de la route?
3. Comment obtenir des renseignements?
4. Comment diminuer le nombre d'accidents du travail?
5. Comment trouver du travail?
6. Comment obtenir un certificat médical?
7. Comment gagner plus?

b)
1. Faire très attention.
2. Travailler la nuit.
3. Aller voir un médecin.
4. Rouler moins vite.
5. Travailler plus vite.
6. Lire les petites annonces.
7. Téléphoner.

Situation 3

Le chef du personnel Vous vouliez me voir, Mlle Cordier?
Une employée Oui, Monsieur.
Le chef du p. Asseyez-vous, Mlle Cordier. Je sais que vous vouliez me demander une augmentation. Malheureusement il n'est pas possible de vous augmenter en ce moment. Mais ne vous inquiétez pas: j'ai des projets pour vous. Vous êtes une personne sérieuse et capable. Si vous attendez un an, vous aurez une augmentation de 10%. Et si vous continuez à travailler comme vous le faites, vous deviendrez bientôt chef du service exportation. Et j'espère que vous resterez longtemps parmi nous.
L'employée Je regrette, Monsieur, mais je n'attendrai pas un an. J'ai des propositions très intéressantes de la Cie Faber et je vais être obligée de donner ma démission.

Exercice 4

Répondez comme vous le voulez aux questions suivantes selon le modèle:
- Qu'arrivera-t-il si je ne finis pas ce travail?
~ Si vous ne finissez pas ce travail, nous aurons beaucoup de retard.

1. Qu'arrivera-t-il si Mlle Cordier n'obtient pas d'augmentation?
2. Qu'arrivera-t-il si votre mari/femme travaille trop?
3. Qu'arrivera-t-il si je ne finis pas mes études?
4. Qu'arrivera-t-il si on vous offre un emploi à l'étranger?
5. Qu'arrivera-t-il si vous tombez malade?
6. Qu'arrivera-t-il si on vous propose un travail plus intéressant?
7. Et si ce travail est moins bien payé?

Exercice 5

Commerce	Artisanat	Hôtellerie
marchand,e représentant,e vendeur,-euse	coiffeur,-euse cordonnier,-ère plombier,-ère	cuisinier,-ère femme de chambre garçon/serveuse
Professions libérales	**Education**	**Activités sociales**
avocat,e médecin pharmacien,ne	étudiant,e lycéen,ne professeur	assistant,e social,e infirmier,-ère moniteur,-trice

1. Dans quelles professions gagne-t-on beaucoup, à votre avis?
2. Quelles sont les personnes qui travaillent dans un bureau/dans un magasin/à la maison?
3. Dans quelles professions a-t-on le plus de contacts avec les gens?
4. Quelles sont les professions où l'on peut être son propre patron?

Demandeur d'emploi

Exercice 6

	vrai	faux
1. Mlle Lefèvre a téléphoné pour le poste de secrétaire.	☐	☐
2. Le chef du personnel a oublié le rendez-vous.	☐	☐
3. Mlle Amyot est venue pour le même poste.	☐	☐
4. Elle est sans travail depuis six mois.	☐	☐
5. Mlle Lefèvre aimerait changer d'emploi parce qu'elle n'est pas d'accord avec son syndicat.	☐	☐
6. Mlle Amyot trouve amusant d'être au chômage.	☐	☐
7. En lisant les annonces tous les matins, elle espère trouver un emploi.	☐	☐
8. Elle n'a pas trouvé de travail intéressant par l'ANPE (Agence Nationale pour l'Emploi).	☐	☐
9. La secrétaire appelle les deux jeunes femmes en même temps.	☐	☐

T Exercice 7

1. Quelles sont les raisons de Mlle Lefèvre pour chercher une autre place?
2. Mlle Amyot commence à s'inquiéter. Pourquoi?
3. A quel âge avez-vous eu votre premier emploi? Comment l'avez-vous trouvé?
4. Quels conseils donneriez-vous à quelqu'un qui va à une interview?

T Exercice 8

Vous êtes à la recherche d'un emploi en France.

Demandes d'emploi	**Offres d'emploi**
J.F. Secrétaire de Direction. Trilingue all.-anglais, diplômée Chambre de Commerce franco-allemande. 5 ans expérience, cherche place stable. Tél. 946 9600 (h. b.)	Hôpital de Sèvres (92 Hauts-de-Seine) recherche **infirmiers/infirmières** Adressez candidature à M. le Directeur 4, rue Cheviron 92310 Sèvres
Commercial Export, origine allemande, 40 ans, expérience, anglais courant, dynamique, ch. responsabilité. Ecr. No. 1694 «Le Monde» Pub.	Société importance internationale recherche UN(E) RESPONSABLE des ventes et de la publicité 35 ans environ. Bilingue allemand-français. Anglais souhaité. (5 à 10 ans expér. dans société internationale.) Envoyer C.V. + photo, réf. 1768, Havas-Contact, 156, Bd Haussmann 75008 Paris
Jne Américaine 19 ans, échange heures de service contre conversation en Fr. avec dame cultivée. Ecrire à Eurosud, Marseille, 134288.	

a) Rédigez une demande d'emploi en vous inspirant des annonces ci-dessus.

b) Envoyez une réponse à l'annonce qui vous intéresse.

c) Rédigez votre C.V. en français d'après le modèle donné.

Annick Lefèvre 15, Rue Delambre 75014 Paris

CURRICULUM VITAE

Nom: Lefèvre
Prénom: Annick, Marie, Yvonne
Née le: 22 Mars 1952 à Brest
Nationalité: française.

Situation de famille: divorcée sans enfants.

Etudes:

1963–1968	Etudes secondaires, Morlaix.
1968–1970	Etudes commerciales, Cours Pigier, Brest.
1974–1975	Séjour en Grande-Bretagne (Bristol).

Qualification particulière: Secrétaire bilingue (sténo anglaise)

Langues étrangères: Anglais, Espagnol

Emplois:

Oct. 70-Sept.74	Secrétaire chez Société SYNTEX 2, Rue Danton, Lille
Sept.75-Janv.77	Secrétaire bilingue chez Ouest-Shipping 2,Av.Ch.de Gaulle, Le Havre
Depuis Fév.77	Secrétaire bilingue chez Weber S.A., Import-Export 20, Av. Daumesnil, Paris XIIe

T Exercice 9

1. Regardez la liste suivante et dites F ou M après chaque métier pour indiquer s'il vous semble traditionnellement féminin ou masculin:

agent de la circulation	*boucher*	*douanier*	*maire*	*plombier*
architecte	*cadre*	*infirmière*	*nourrice*	*reporter*
avocat	*comptable*	*ingénieur*	*pêcheur*	*secrétaire*

2. Pourriez-vous mettre M partout (ou F partout)?
3. Est-il plus difficile à une femme de trouver du travail?
4. Que pensez-vous de cette remarque qu'on entend parfois: «Sans les femmes au travail, il y aurait plus d'emplois pour les hommes, donc moins de chômage.»
5. Dans cette même phrase remplacez «femme» par «travailleur immigré». Votre avis est-il le même que pour la question 4?

T Exercice 10

Les Français et le chômage (Le Nouvel Observateur, 4/XII/78)

Votre idée du chômage	chômeurs	non-chômeurs
1. Le chômage peut être l'occasion de faire ce que l'on n'a jamais le temps de faire quand on travaille.	7	4
2. Le chômage peut être l'occasion de changer de profession.	21	11
3. Le chômage est une expérience qu'on ne souhaite à personne.	68	79
4. Sans opinion	4	6
	100	100

a) Quelle serait votre réponse?
b) Comment expliquez-vous les réponses différentes des chômeurs et des non-chômeurs?

Situation 4

Interviewer Monsieur, savez-vous qu'à la question «Préférez-vous plus d'argent ou plus de loisirs? » un grand nombre de travailleurs a répondu: plus d'argent. Qu'en pensez-vous?

Monsieur Sans hésiter je vous réponds: personnellement, je préférerais plus de loisirs. Mais je comprends qu'avec l'augmentation du coût de la vie les gens ont peur de voir diminuer leur pouvoir d'achat.

Interviewer Et la semaine des 35 heures?

Monsieur Ça me paraît en contradiction avec votre première question. Si les gens veulent plus d'argent, il faut qu'ils soient prêts à travailler autant, ou même davantage. Vraiment, je ne vois pas de solution à ce problème: plus on a de loisirs, plus on consomme. Plus on consomme, plus on a besoin d'argent. Alors, comment faire?

Qu'en pensez-vous?

Personnellement, je ...	Je (ne) pense (pas) que ...
Ça me paraît ...	Je (ne) crois (pas) que ...
Pour moi, ...	Je (ne) trouve (pas) que ...
A mon avis, ...	Je comprends que ...

Les 35 heures

L'idée de la semaine de 35 heures est en train d'avancer en Europe, plus vite qu'en France même. Ce sont les ouvriers allemands qui ont donné le signal du départ. Il a fallu du temps pour que les ouvriers français suivent. Mais maintenant tout le monde en parle. L'idée est simple: comme le chômage est devenu une maladie européenne et donc que le travail va manquer de plus en plus, eh bien, il faut le partager. En réduisant la durée du travail, on pourra employer plus de gens. Ainsi on laissera à chacun un peu plus de temps pour vivre ou pour rêver, un peu plus de liberté.

Très vite, les partis et les syndicats – Parti Travailliste Britannique, SPD Allemand, Parti Socialiste Français, CFDT, Confédération Européenne des Syndicats – ont repris l'idée des 35 heures. Les gouvernements eux-mêmes réfléchissent à la question. Pour la première fois, à Bruxelles, le Conseil des Ministres du travail vient de reconnaître que la réduction de la durée du travail était un projet sérieux qu'il fallait étudier. Et tous les pays ont demandé à la Commission d'étudier le problème du travail temporaire, de la réduction annuelle du travail et de la retraite à la carte.

L'idée, il faut bien le reconnaître, plaît beaucoup. Mais elle conduit à des choix difficiles: comment travailler moins d'heures mais offrir du travail à davantage de gens? La solution sera certainement à trouver cas par cas, entreprise par entreprise. Peut-on gagner plus et travailler moins? Est-ce le travail qu'on va ainsi partager? Ou est-ce le chômage? La CFDT répond ainsi à ces questions: «Avec l'automatisation, beaucoup d'emplois disparaissent. Bientôt, l'industrie n'aura plus besoin d'autant d'heures de travail que par le passé. La solution c'est donc de mieux répartir le travail parmi les gens capables de travailler. Ce que nous voulons à la CFDT, c'est: travailler moins pour travailler tous, et vivre mieux.»

Un autre problème se pose: et même si l'on réussit? Même si les 35 heures deviennent une réalité, que fera-t-on de ce temps libre pour qu'il ne devienne pas un temps mort? Il ne faudra pas que travailler moins d'heures à l'usine ou au bureau signifie passer plus de temps à ne rien faire. Au contraire, ça voudra dire avoir davantage de temps pour faire ce qui nous semble le plus important.

D'après J. Alia, M. Bosquet et R. Priouret, *La campagne pour les trente-cinq heures,* Le Nouvel Observateur, 25/V/79.

Exercice 11

1. L'idée de la semaine de 35 heures
   a) a moins de succès en Allemagne qu'en France.
   b) est refusée en Europe.
   c) a d'abord été proposée par les ouvriers allemands.

2. Bientôt le travail en Europe
   a) augmentera peu à peu.
   b) deviendra encore plus rare.
   c) sera fait à 100 % par les machines.

3. Pour offrir du travail à davantage de gens, la solution proposée dans le texte est
   a) de réduire les heures de travail.
   b) de faire disparaître l'automatisation.
   c) de mettre les chômeurs à la retraite.

4. Travailler moins, signifie
   a) perdre son temps.
   b) vivre mieux.
   c) tomber malade.

5. Les problèmes posés par la semaine de 35 heures.
   a) n'intéressent que les syndicats.
   b) intéressent même les gouvernements.
   c) n'intéressent pas les travailleurs.

6. Pour que cette idée devienne une réalité, la CFDT pense qu'il faut trouver une solution
   a) européenne.
   b) nationale.
   c) pour chaque cas.

7. Selon la CFDT, il faudrait
   a) faire disparaître des emplois.
   b) se partager le travail.
   c) trouver de nouveaux emplois.

8. Si les 35 heures deviennent une réalité, les gens vont se demander
   a) comment s'occuper pendant leur temps libre.
   b) comment faire pour travailler encore moins.
   c) comment trouver un second emploi.

T Exercice 12

Travailler moins signifie:

- plus de liberté
- vivre mieux
- du temps pour rêver
- mener une vie plus saine
- avoir plus de temps pour les enfants
- moins de stress
- plus de loisirs
- voyager davantage
- faire plus de sport
- être moins nerveux
- avoir plus de temps pour soi
- voir ses amis plus souvent
- avoir le temps de s'instruire
- faire ce qui nous semble vraiment important
- partager le travail avec ceux qui n'en ont pas.

1. a) En vous inspirant de la liste indiquée ci-dessus, trouvez les arguments pour la réduction de la durée du travail cités dans le texte.
   b) D'après la liste, choisissez maintenant les arguments qui vous paraissent très importants et positifs. Commentez votre choix.
   c) Bien sûr, il y a aussi des arguments contre. Pouvez-vous en citer quelques-uns?

2. Travailler 35 heures par semaine signifie travailler un huitième de moins. Etes-vous prêt à gagner moins en travaillant moins?

3. Si oui, que feriez-vous de ce temps libre?

4. Est-ce que les loisirs ne coûtent pas de plus en plus cher? Comment peut-on souhaiter plus de loisirs en gagnant moins d'argent?

T Exercice 13

Les grandes dates du droit du travail

1892 Réduction de la durée du travail à dix heures par jour et à six jours par semaine.
1936 Création des congés payés (deux semaines par an).
1967 Création de l'ANPE (si vous êtes demandeur d'emploi, l'ANPE – Agence Nationale pour l'Emploi – vous donne tous les renseignements utiles sur les métiers, les moyens de formation, les possibilités d'embauche).

Laquelle de ces dates vous paraît la plus importante? Pourquoi?

Creusot, 19e siècle

Blainville (Renault), 1977

Dossier 5 La publicité et nous

Situation 1

Six personnages, six opinions: qui a dit quoi, à votre avis?

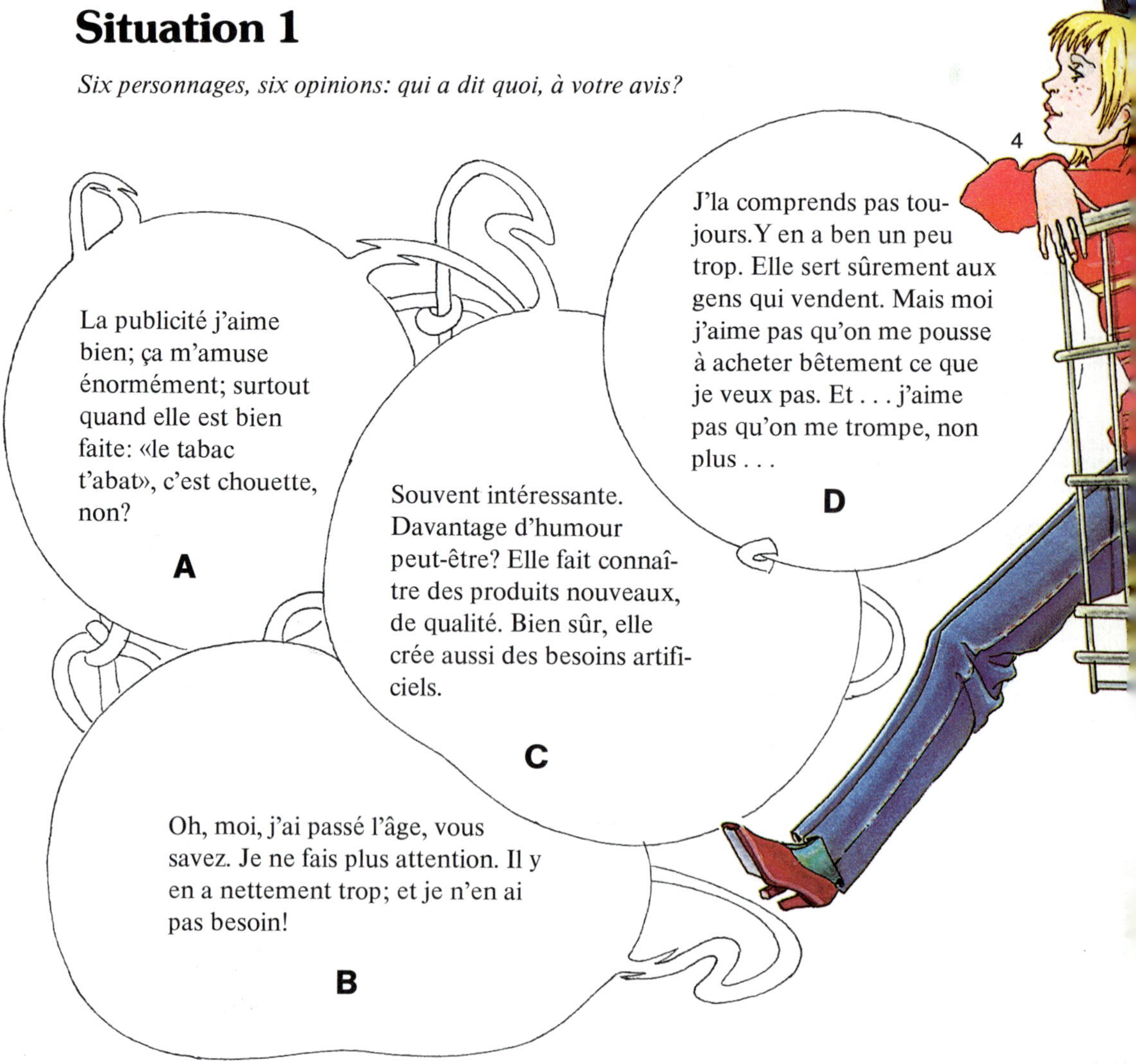

1
2
6
3
5
Bof! Moi, je m'en fiche; je suis presque toujours fauchée. Et quand j'ai du fric, je sais ce que je veux. J'ai pas besoin qu'on me le dise.
E
Parfois c'est amusant. Mes enfants aiment bien. Elle est sans doute nécessaire, mais quand j'achète je fais attention.
F

Exercice 1

- Tu as vu la dernière publicité de Chocobul?
~ Quelle publicité?
- Tu sais bien! «Prenez Chocobul, la crème légère».

A vous de continuer.

Buvez
Achetez
Mangez
Prenez
Choisissez
Demandez

la boisson
le jus de fruit
la crème
le dessert
la lessive
le savon
la cigarette
le cigare
la moto
le vélo
l'eau de toilette
le parfum

frais
amusant
doux
puissant
merveilleux
intelligent
léger
intéressant
élégant

Exercice 2

Dans les phrases suivantes, choisissez le ou les adverbes qui peuvent convenir.

1. Chers clients,
nous vous offrons heureusement / actuellement / tellement une réduction de 50% sur tous nos déodorants.

2. Ah, ça, ça me plaît, on sent respectueusement / tendrement / nettement le goût du vrai chocolat.

3. Dans notre maison,
nous avons toujours pensé que le dialogue est certainement / confortablement / lentement plus riche que le monologue.

4. Moi, en vacances, je ne veux pas bronzer nouvellement / rarement / bêtement, je lis.

5. Tu as raison, un grand parfum c'est énormément / vraiment / seulement un cadeau de prix.

6. Cette nouvelle voiture est absolument / évidemment / amicalement merveilleuse. Tu veux l'essayer?

Exercice 3

Formez les adverbes et construisez toutes les phrases possibles.

Exemple: Cette mère de famille est complètement prisonnière de la publicité.

Cette mère de famille est	vrai	prisonnière de la publicité
La publicité pour le tabac est	certain	trompés
Les consommateurs devraient comparer	complet	les prix
Voilà une publicité	sérieux	interdite à la télévision
La publicité crée	évident	exagérée
Les consommateurs qui l'ont cru se sont	absolu	des besoins
	dangereux	

Exercice 4

Complétez les slogans à l'aide des adjectifs et adverbes ci-dessous.

agréable – bien – bon – grand – léger – mieux – nouvellement – petit – rapide – rare – vite – vrai – vraiment

Situation 2

- Vous pouvez me déposer au bureau de tabac?
~ Oui, certainement. Mais comment est-ce que vous pouvez continuer à fumer?
- Ah! Je croirais entendre ma femme! Elle m'en a déjà fait prendre des trucs! Elle me les fait tous essayer.
~ Vous connaissez Tabastop? Ça c'est efficace!
- Ah non, je ne le connais pas celui-là! Mais vous croyez vraiment que ça fera quelque chose?
~ Je suis sûr que ça marchera. Je connais de grands fumeurs qui ont complètement arrêté grâce à ça.
- Je peux toujours essayer, mais je n'y crois pas beaucoup.

Exercice 5

Remettez le dialogue suivant dans le bon ordre, et complétez-le en vous aidant des éléments du triangle ci-dessous.
Les chiffres indiquent les colonnes où se trouvent ces éléments.

1	2	3	4	5
me te nous vous	le la les	lui leur	y	en

- Mon amie, elle (1–5) a fait connaître des trucs! Alors j'ai demandé son avis à mon médecin.
- Qui (2–3) conseillait? Le pharmacien?
- C'est comme je (1–2) dis.
- Et il (1–5) a dit du bien? Pour moi, tous ces produits, vous savez . . .
- Mais non, personne! La publicité seule (3–5) donnait l'idée!
- Tiens, vous prenez du Tabastop? Qui (1–4) a poussé?
- Et vous ne fumez plus? Tabastop (1–5) a fait passer l'envie?
- Oh, moi non plus, je n'y croyais pas! Mais mon amie (1–2) faisait tous essayer!

Situation 3

- Vous désirez, Madame?
~ Mademoiselle, c'est inadmissible! Regardez ce pull, je l'ai acheté ici la semaine dernière.
- Il est à Monsieur, n'est-ce pas?
~ A lui? Pas du tout! Il est à moi! Enfin . . . il était à moi!
- Mais Madame, je ne comprends pas!
~ «Satisfait ou remboursé»? Eh bien, je veux être remboursée. Il ne devait pas bouger au lavage! Vous me l'avez garanti!
- Je suis désolée Madame . . . Mais vous l'avez lavé avec quoi?
~ Avec Dousslène, vous savez «Dousslène pour la beauté de vos lainages» . . .

Exercice 6

En vous servant des phrases ci-dessous que vous pouvez utiliser au présent, au futur et à l'impératif, construisez des slogans pour vendre.

Exemples: – Faites-nous confiance, vous ne le regretterez pas!
– Vous aimez la qualité? Soyez satisfaits!

Vous nous faites confiance.	Vous faites la meilleure affaire.
Vous comptez sur nous.	Vous êtes satisfaits.
Vous venez chez nous.	Vous êtes bien servis!
Vous aimez la qualité.	Vous trouvez ce que vous cherchez.
Vous êtes connaisseur.	Vous nous appelez.
Vous attendez un bon service.	Vous avez ce que vous désirez.
Vous nous préférez.	Vous ne le regrettez pas.
Vous avez raison.	Vous gagnez toujours.

T Exercice 7

- Vous avez une robe; elle a rétréci au premier lavage.
- Vous avez acheté un appareil en promotion; il coûte plus cher qu'ailleurs.
- Vous entrez dans un magasin; personne ne vient vous servir.
- On vous a vendu un vin de qualité supérieure; il est mauvais.

Vous vous trouvez dans une de ces situations. Le vendeur/la vendeuse essaie de s'excuser (tableau 1).
Vous exprimez votre mécontentement, en vous aidant
- *des slogans de l'Exercice 6*
- *du dialogue de la Situation 3*
- *et des tableaux 2 et 3 ci-dessous.*

Imaginez d'autres situations.

1	2	3
Mais Monsieur/Madame… Voyons… Je regrette. Je suis désolé,e. C'est regrettable. C'est incompréhensible. C'est la première fois.	C'est inadmissible. C'est intolérable. C'est insupportable. C'est révoltant. C'est du vol.	Je ne suis pas du tout content,e. Je suis très mécontent,e. Je suis furieux,-se. Je vais me plaindre. Je veux qu'on me rembourse. Je demande un rabais.

L'avis du spécialiste

Exercice 8

	vrai	faux
1. Le journaliste interviewe un spécialiste en publicité.	☐	☐
2. M. Dulac n'est pas d'accord avec le journaliste: il pense que la publicité ne crée pas de besoins.	☐	☐
3. A son avis, les gens riches trouvent que les ouvriers n'ont pas besoin de publicité.	☐	☐
4. M. Dulac trouve que la publicité rend la vie plus difficile.	☐	☐
5. Il est important, pour M. Dulac, de savoir dans quelles proportions les ventes de ses clients augmentent.	☐	☐
6. Pour un bon produit il faut faire une bonne publicité. Pour un mauvais produit il faut que la publicité soit excellente.	☐	☐

T Exercice 9

1. La publicité crée des besoins: qu'en pensez-vous? Quels sont les besoins que vous jugez bons?
2. Connaissez-vous des publicités qui cherchent au contraire à supprimer des besoins?
3. Pour M. Dulac, quel rôle joue la vérité dans la publicité? Est-ce qu'une bonne publicité dit nécessairement la vérité?
4. Quelle idée M. Dulac a-t-il des consommateurs? La publicité peut-elle les tromper? Cela vous est-il arrivé? Donnez des exemples.
5. Pourriez-vous vous passer de la publicité facilement? Parlez de ses aspects négatifs.

Les trompettes d'Aïda

Antoinette ne cherche plus quel menu elle préparera pour le déjeuner. Aujourd'hui elle se décide pour le saucisson. Le saucisson est en promotion ce mois-ci. Comme il est moins cher, il faut en profiter ... Mais elle ne résiste pas à deux petits savons joliment présentés dans une maison de poupée qui fera le bonheur d'une de ses filles ... Le plat principal est tout trouvé: au Supermarché du quartier, elle a joué au jeu de la lampe merveilleuse NIDALA. Comme beaucoup de ses voisines, elle a trouvé dans sa boîte aux lettres une carte postale de cette maison de conserves, lui annonçant qu'elle avait peut-être gagné un magnifique cadeau. Alors elle est venue mettre sa carte sous la lumière noire, et elle a vu apparaître le nom de son cadeau: O F 50 de réduction sur une boîte de poulet «Grand-Mère» (à 7 F 50). Une vraie chance.

Grâce au ticket qu'elle a trouvé dans le paquet de quatre yaourts BOLAIT, elle pourra rapporter à son fils la carte en couleurs d'un nouveau pays d'Europe et ... un bon dessert pour la famille ...

Aujourd'hui les vraies trompettes d'Aïda ne sont plus celles de l'opéra de Verdi mais plutôt celles des sirènes de la publicité. On nous excusera pour ce mauvais jeu de mots, mais c'est encore le meilleur moyen de retenir les quatre règles d'or de la publicité: Attention, Intérêt, Désir, Achat (AIDA): Appeler l'attention du consommateur, chercher son intérêt, réveiller son désir, le pousser à acheter. Quatre opérations qui semblent simples, mais demandent des recherches compliquées, avec l'aide de la psychologie. Si l'on sait que l'attention naturelle ne se porte en même temps que sur un petit nombre d'objets (quatre ou cinq), qu'une fois l'intérêt éveillé, il faut réduire les hésitations (volontaires ou involontaires) de l'acheteur, on comprendra facilement que tout doit aller vers ce seul but: l'image, les formes, les couleurs, l'histoire, mais surtout le texte. Il est très important. Même le cinéma, la radio et la télévision sont obligés de s'en servir: l'affiche aussi qui est partout dans nos villes et la photo qui est à chaque page de nos magazines. Toujours présent, toujours puissant, le texte est là, fait de phrases et de mots ...

Si l'on réfléchit aux effets et aux conséquences des campagnes publicitaires, la question que l'on se pose le plus souvent c'est de savoir si la publicité n'est pas davantage (ou seulement?) au service des gens qui la font ou la font faire, et non des gens qui la reçoivent. On nous dit que l'information publicitaire est une nécessité. Mais en fait, le public, parce qu'il est surinformé, n'est plus du tout informé.

D'après Claude Aziza, *La langue de la pub,* Ecole Ouverte No 38.

Exercice 10

1. Antoinette sait quel menu elle va préparer
   a) parce que son mari le lui a dit.
   b) parce que ses enfants le lui ont proposé.
   c) parce que la publicité lui en a donné l'idée.

2. Elle a choisi ce menu
   a) parce qu'il est bon.
   b) parce qu'elle pense qu'il coûte moins cher.
   c) parce qu'il est vite fait.

3. Les méthodes publicitaires se servent
   a) de tous les moyens possibles.
   b) de moyens très simples.
   c) de quatre moyens bien choisis.

4. Pour faire une bonne publicité
   a) l'image est suffisante.
   b) le texte est suffisant.
   c) l'image et le texte sont nécessaires.

5. La publicité
   a) est importante pour ceux qui la font.
   b) n'intéresse que les gens qui la reçoivent.
   c) ne sert à personne.

6. Le public n'est plus informé, parce que la publicité
   a) lui donne de fausses informations.
   b) lui donne trop d'informations.
   c) ne lui donne aucune information.

T Exercice 12

1. Vous demandez à vos amis
   - ce qu'ils pensent de la publicité
   - quelle influence elle a sur eux.
   Préparez vos questions.

2. Résumez les résultats de votre enquête et comparez-les avec d'autres.

3. Donnez un exemple de bonne/mauvaise publicité. Expliquez votre choix.

4. Imaginez un produit qu'on ne trouve pas encore; décrivez-le et faites la publicité pour le vendre. (Vous pouvez chanter!)

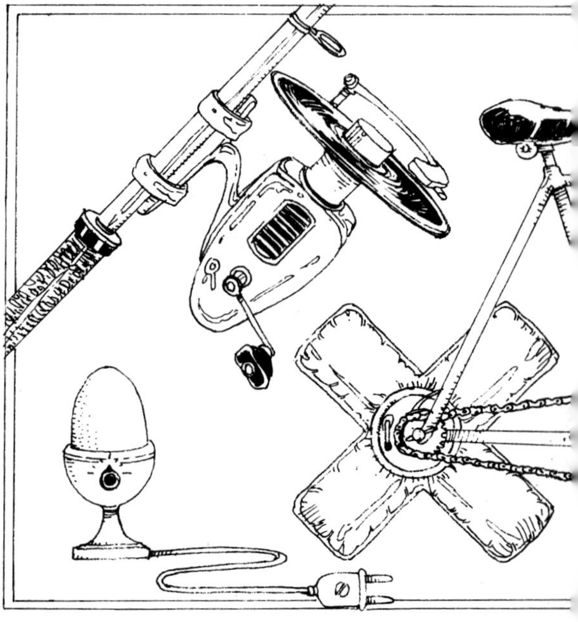

T Exercice 11

Trouvez les verbes ou substantifs nécessaires pour compléter les deux tableaux suivants. Vous pouvez vous aider de la grille ci-dessous, où ces mots sont écrits de gauche à droite, de droite à gauche, de haut en bas ou de bas en haut.
Les lettres que vous n'aurez pas utilisées, lues de gauche à droite et de haut en bas, vous donneront un thème de réflexion.

verbe	substantif (personne)	substantif (action)
acheter	**acheteur**	achat
utiliser	utilisateur	utilisation
consommer	consommateur	consommation
vendre	vendeur	vente
produire	producteur	produit
fabrica	fabricant	fabrication
demander	demandeur	demande

verbe	substantif	verbe	substantif
désirer	**désir**	hésiter	....
s'intéresser à	....	reprocher	....
aider	....	réussir	....

F	A	E	H	C	O	R	P	E	R	N	I
R	E	E	E	U	N	E	R	B	O	O	N
N	T	R	S	E	D	P	O	U	B	I	F
D	I	U	I	V	E	N	D	R	E	T	A
E	S	E	T	=	S	T	U	O	U	A	B
M	S	T	A	J	I	O	C	U	A	S	R
A	U	E	T	E	R	E	T	N	I	I	I
N	E	H	I	R	S	D	I	I	D	L	Q
D	R	C	O	R	E	L	O	A	E	I	U
E	V	A	N	E	R	I	N	T	E	T	E
C	O	N	S	O	M	M	A	T	E	U	R

Solution

.... = ... ?
Qu'en pensez-vous?

Dossier 6 La francophonie

Situation 1

La ou les francophonies?

Il y a au moins trois francophonies:

- La première est celle qui regroupe les pays et les gens pour qui le français est la langue maternelle. C'est la francophonie des Français, des Belges wallons, des Suisses romands, des Québécois et de quelques autres petits groupes.
- La deuxième est celle des pays où le français n'est pas la langue maternelle, mais joue un rôle particulier. Il y a ceux, par exemple, où le français est une langue officielle (en Mauritanie, en Afrique Noire, comme au Sénégal, en Côte-d'Ivoire, en Haute-Volta, au Dahomey, au Niger, au Mali . . .), et ceux où il est une «langue seconde forte» (au Maghreb, au Liban, dans certains pays d'Asie).

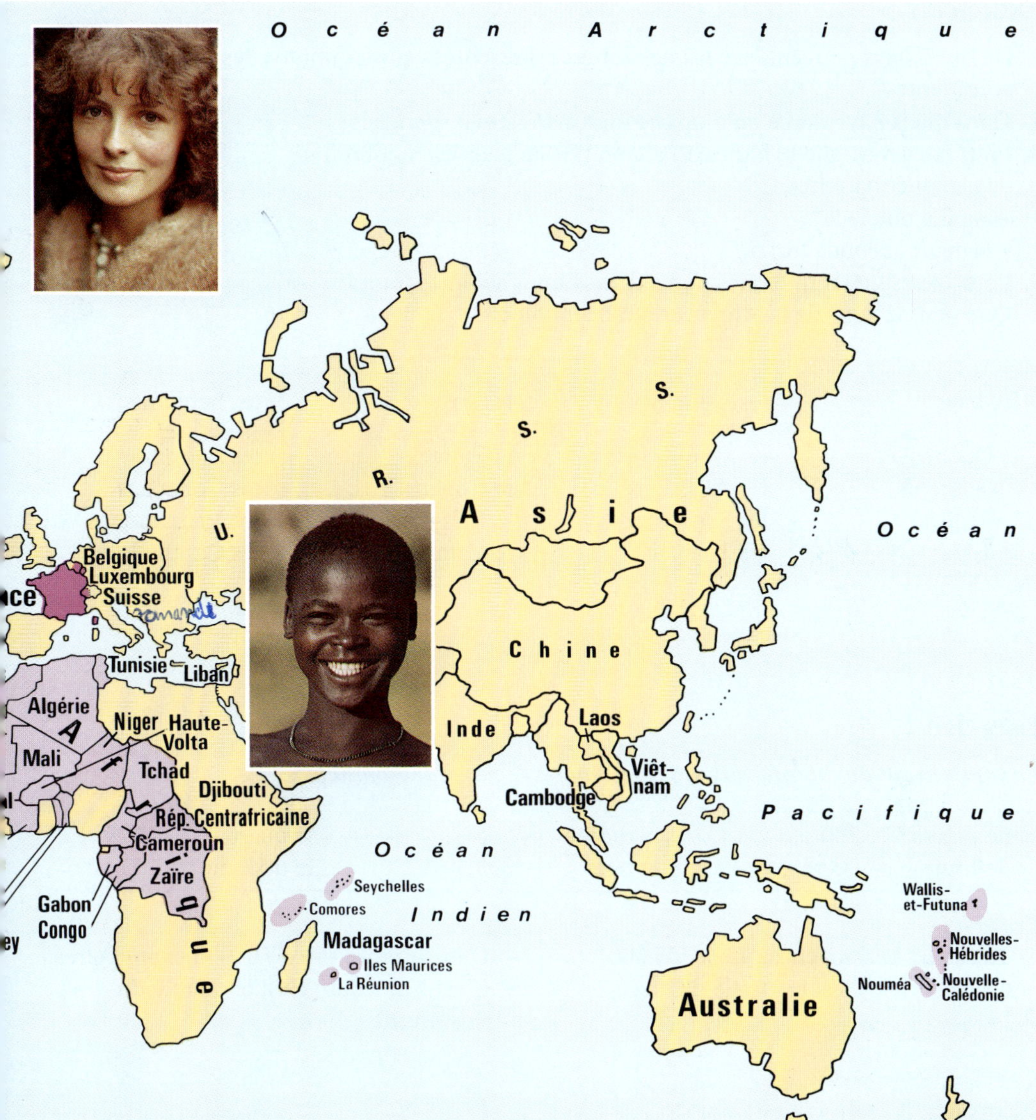

- La troisième francophonie concerne des personnes qui, en pays non francophones (Danemark, Brésil par exemple), ont appris le français volontairement ou parce que le programme des études nationales les y conduisait.

Il est évident que les deux dernières francophonies sont moins stables que la première: il est toujours possible qu'un pays de la deuxième francophonie passe à la troisième.

D'après *Une langue: le français aujourd'hui dans le monde,*
Collection «F» - Hachette

T Exercice 1

1. De quels pays peuvent être les personnes représentées sur les photos des pages précédentes?
2. Dans quels pays est-ce qu'on parle français/allemand/anglais?
3. Pour qui est-ce que le français/l'allemand/l'anglais est aujourd'hui
   - la langue maternelle?
   - langue officielle?
   - «langue seconde forte»?
4. Pouvez-vous citer quelques noms d'anciennes colonies françaises/allemandes/anglaises?
5. Que pensez-vous de la «troisième francophonie»?

les pays	les habitants	les pays	les habitants
le Québec l'Algérie le Sénégal le Togo	les Québécois les Algériens les Sénégalais les Togolais	le Zaïre le Congo le Viêt-nam le Cambodge	les Zaïrois les Congolais les Vietnamiens les Cambodgiens

Exercice 2

En vous servant du tableau ci-dessous, comparez le tirage des journaux.

le double	=	200%	la moitié	=	50%	le quart	=	25%
le triple	=	300%	le tiers	=	33%	le dixième	=	10%

Exemples:

- Tu as vu? Le Provençal tire à 355 000!
~ Ce n'est rien, c'est la moitié d'Ouest-France.

- Ouest-France tire à 715 000 exemplaires!
~ C'est beaucoup; c'est le double du Provençal!

La Nouvelle République
VIENNE
35.000
La conservation foncière • Spéciale
LA PRESSE
LE PRESIDENT BOURGUIBA FELICITE L'EMIR DU KOWEIT
50.000
le soleil
LUNDI 3 MARS 1980
UNE SEMAINE DE SENSIBILISATION S'OUVRE AUJOURD'HUI DANS LES ECOLES
335.000
OPERATION 3 POUR 2
LE PROVENCAL
243.000
LE SOIR
5 EDITIONS
12 Francs
20 Pages
Quotidien
Le P.S.C. veut alléger l'impôt sur
Zimbabwé
HOUPHOUET A MUGA
VOTRE SUCCÈS
LE PEUPLE IVOIR
90.000
Océanexpo à Bordeau
almaghrib
40.500
LE DEVOIR
Le Japon attend la décision de l'Europe
Montréal, samedi 19 avril 1980
TRAVAUX
AL QODS
VIENNE : M.
serre autour d
535.400
TRENTE-SEPTIÈME ANNÉE — N° 10.918
JEUDI 6 MARS 1980
Le Monde
Fondateur : Hubert Beuve-Méry
Directeur : Jacques Fauvet
En Rhodésie
M. Mugabe va former un gouvernement de «large front national»
les élections aux États-Unis
Nouvel échec des Neuf sur la politique agricole
La position française paraît affaiblie avant le sommet du 31 mars
Revers
réation
culture &
285.000
la Nouvelle République
JEUDI 14 FEVRIER 1980
DU CENTRE-OUEST
BERRY - POITOU - VAL DE LOIRE
VIENNE
La Suisse
78 centimes
15, RUE DES SAVOISES - 1211 GENÈVE 11 - TEL. (022) 21 77 11
Lundi 21 avril 1980
massacre dans la campagne genevoise
de trente moutons égorgés
La bonne occase chez FREY aux ACACIAS
Journaliste licencié
Il n'était pas
Calabrais
EST LIBRE
arrêtés, deux en fuite
TITO
LE VIEUX MARÉCHAL SE MEURT
Le redoux
et trois bles
UN COUPLE DE BLÉSO
DE L'AVALANCHE

Situation 2

Francophones ou pas?

Il y a cinq jours, le premier Festival International de la Francophonie (FIF) a fermé ses portes. Pendant quinze jours, du 5 au 19 octobre, sous le haut patronage du Président sénégalais Léopold Sédar Senghor, 450 artistes et créateurs africains, belges, canadiens, haïtiens, acadiens de Louisiane (USA), ont présenté leurs œuvres, dans les domaines du cinéma, de la télévision, du théâtre, de la chanson et de la littérature.
Le but de ce festival? Permettre à ces artistes de se rencontrer et de se faire connaître, mais aussi de rassurer ceux qui ne croient pas en la réalité de la langue française. Cependant, la majorité des artistes africains se sont exprimés dans leur langue maternelle. Les organisateurs se sont aperçus qu'il est de plus en plus difficile de trouver en Afrique des artistes qui utilisent le français comme moyen d'expression.

D'après Jeune Afrique, No. 979, octobre 1979.

Exercice 3

Regardez la date d'aujourd'hui et racontez ce que vous avez lu dans le journal. Employez «il y a» chaque fois que vous le pourrez.

Exemple: Il y a un mois, un avion spécial est tombé en pleine forêt à Ouagadougou. Un diplomate français en visite officielle est mort dans l'accident.

Fort-de-France, 13 Septembre La tempête retourne les voitures. Des milliers de personnes dans la rue. Grands dégâts dans les champs de canne à sucre. Aide de la France nécessaire.

Montréal, 30 Octobre. Campagne électorale passionnée: le Canada francophone bientôt indépendant?

Alger, 8 Décembre. Le gouvernement d'Alger décide: études de droit maintenant en arabe; études de sciences toujours en français. Difficultés pour les étudiants non francophones pour trouver du travail.

Lausanne, 11 Mai. Un écrivain de Suisse Romande reçoit un Prix littéraire français. Les francophones heureux de cet événement.

Ouagadougou, 6 Février – Un avion spécial tombe en pleine forêt. Un diplomate français en visite officielle mort dans l'accident.

Nouméa, 15 Mars. Le Président de la République Française en Nouvelle-Calédonie pour la première fois. Accueil chaleureux de la population.

Situation 3

Le Sénégal

Ancienne colonie française
Indépendant depuis 1960, république.

Président: Abdou Diouf
Superficie: 197.000 km^2
Population: 5.090.000 habitants
Capitale: Dakar
Langues: français (officiel), wolof

En 1972 un grand journal, «La République du Sénégal» écrivait: «Remplacer le français comme langue officielle n'est ni souhaitable ni possible si nous ne voulons pas être en retard au rendez-vous de l'an 2000. Il nous faudrait au moins deux générations pour faire d'une de nos langues nationales un instrument efficace pour l'enseignement des sciences et des techniques . . .»

Exercice 4

Complétez les phrases suivantes en vous servant de la liste des adjectifs.

Exemple: Remplacer les langues européennes par l'espéranto n'est ni possible ni souhaitable.

	pratique
Remplacer les langues européennes par l'espéranto	superflu
Ne pas savoir parler une langue étrangère	impossible
Savoir parler plusieurs langues étrangères	souhaitable
Voyager en Afrique	nécessaire
Imposer une seconde langue à tout un peuple	utile
Savoir parler la langue de ses voisins	dangereux
Renoncer à sa langue maternelle	normal
Apprendre le français en une semaine	possible
Comprendre tous les régionalismes d'un pays	important
	facile

Langue et culture

Exercice 5 X

	vrai	faux
1. Le Sénégal n'était pas un pays francophone jusqu'à maintenant.		X
2. La majorité des Sénégalais parlent wolof.	X	
3. Tous les Sénégalais lisent très bien le wolof.	X	
4. Peu de Sénégalais apprennent les langues africaines des pays voisins.		X
5. Au Sénégal, on n'aime pas apprendre les grandes langues internationales.	X	
6. Les Sénégalais ne peuvent pas faire de publicité dans leur langue nationale.	X	
7. D'après Sembène Ousmane le gouvernement ne veut plus développer l'enseignement du wolof.	X	X

T Exercice 6

1. D'après le texte, quels sont le rôle et l'influence du français au Sénégal?
2. Pourquoi d'après Sembène Ousmane, devrait-on développer la langue nationale, le wolof?
3. A votre avis, pourquoi faire de la publicité en wolof?
4. Quelle est pour S.Ousmane la relation entre la culture et la politique?
5. Très longtemps, le wolof est resté une langue non codifiée. Pouvez-vous citer d'autres langues qui ne sont que parlées?
6. Quelles sont les conséquences positives et négatives de la colonisation en Afrique?

Qui parlera français en l'an 2000?

La colonisation conduite par la France au fil des siècles a porté la présence de la langue française sur presque toutes les terres du globe. Le temps, la politique et le développement économique de la France ont laissé, à travers le monde, le français dans des situations très diverses.

Qui sont les francophones d'aujourd'hui?

En Europe, ils sont 60 millions – plus nombreux que les anglophones, mais moins que les germanophones qui dépassent 90 millions. En Amérique, on pense que la communauté francophone compte environ douze millions de personnes; la moitié sont des Québécois. Les autres six millions sont dispersés entre les autres provinces canadiennes, les Etats-Unis et les Antilles.

Si l'on ajoute la population du Maghreb, les vingt-deux Etats «francophones» de l'Afrique Noire et de l'Océan Indien, les peuples d'Asie et d'Océanie d'influence française, on arriverait à un total, France comprise, de 270 millions d'hommes parlant français!
En réalité, sauf au Maghreb où le français tient encore une place importante à côté de l'arabisation, les statistiques les plus réalistes ne donnent pas plus de 3% de personnes, en Asie, en Afrique et en Océanie, qui peuvent réellement utiliser le français.

Mais la liste ne serait pas complète sans les étudiants étrangers inscrits dans les Universités et les Grandes Ecoles françaises. Ils ont dépassé les 100000 en 1978. Ce nombre donne à la France le plus fort pourcentage au monde – 13,5% du nombre total d'étudiants.

Le nombre des personnes qui ont le français pour langue maternelle ou langue d'usage est donc relativement peu élevé: 90 millions, les Français compris. Et pourtant, notre langue reste l'une des plus utilisées: 24% des Etats du monde en ont fait leur langue officielle. Près d'un tiers des représentants l'ont choisie comme moyen d'expression à la tribune des Nations-Unies. Le monde francophone est fait de variété et de diversité. Dans certains pays, le français reste le «moteur» d'une culture toute jeune. Dans d'autres il est surtout la marque d'un passé colonial que les gouvernements et les hommes veulent voir s'éteindre le plus vite possible . . . Une raison de plus pour faire très attention quand on parle de francophonie!

D'après Roger Cans, Le Monde, 5/X/79.

Exercice 7

1. En Europe,
   a) il y a autant d'anglophones que de germanophones.
   b) il y a plus d'anglophones que de francophones.
   c) les germanophones sont les plus nombreux.

2. En Amérique, la majorité des francophones sont
   a) aux Etats-Unis.
   b) dans la province canadienne du Québec.
   c) aux Etats-Unis et aux Antilles.

3. En dehors de l'Europe et de l'Amérique, les gens qui s'expriment bien en français sont
   a) en Afrique du Nord.
   b) en Asie et en Océanie.
   c) seulement en Asie.

4. En France, le nombre des étudiants étrangers est
   a) le moins important d'Europe.
   b) moins important qu'au Canada.
   c) le plus fort du monde.

5. Le français est langue officielle
   a) pour un bon tiers des Etats du monde.
   b) pour plus de la moitié de la population mondiale.
   c) pour près d'un quart des Etats du globe.

6. Les Etats francophones dans le monde
   a) donnent un rôle différent à la langue française.
   b) souhaitent rester une colonie de la France.
   c) ne veulent plus parler français.

T Exercice 8

En vous aidant du «petit dictionnaire» ci-joint, essayez de traduire en français cet article de journal en créole.

Hier vers 4 heure après-midi in bus qui ti pé alle dans direction Bamban ti saviré 10 kilométre avan Bamban. Sa bus qui ti pé alle vite lère in l'autre gros camion qui ti pé vini dans l'autre direction ti faire in accident.

Driver bus, in jene home qui ennans 29 ans ti mort in sele coup. 4 zenfants ti gravement blessé.

De zans passé in accident pareil ti arrivé dans sa région.
La police pe faire l'enquête dans sa zaffaire.

in:	un
ti pé:	en train de
ti:	être
saviré:	se renverser
lère:	le moment
vini:	venir
driver:	chauffeur
jene:	jeune
ennans:	avoir
sele:	seul
pe faire:	(action présente)

Dossier 7 Les loisirs

Situation 1

Le célèbre Facteur Cheval (1836-1924) dont vous avez peut-être entendu parler a vécu toute sa vie à Hauterive, petit village de la Drôme. Ce fonctionnaire des PTT a consacré tous ses loisirs entre 1872 et 1912 à réaliser dans son jardin une construction naïve monumentale, le «Palais Idéal», avec des pierres qu'il ramenait chez lui chaque soir après sa tournée. Quel contraste entre sa vie routinière et son activité créatrice! Pour lui, loisir signifiait passion. Et c'est cette passion qui a donné un sens à sa vie.

T Exercice 1

1. Connaissez-vous des gens comme le facteur Cheval qui consacrent (ou ont consacré) tous leurs loisirs pendant toute leur vie à une passion?
2. Pour le facteur Cheval, loisir signifiait passion. On peut aussi parler de «loisir-repos», «loisir-détente», «loisir-activité». Pouvez-vous donner des exemples?
3. Vous pouvez former des groupes et discuter les questions suivantes:
   - Que signifie «loisir» pour vous?
   - Que faites-vous pendant vos loisirs?
   - Avez-vous un hobby? Si oui, depuis combien de temps?
   - Pourquoi faites-vous cela?
   - Est-ce vous pensez que vos loisirs donnent un sens à votre vie?

Exercice 2

Mettez «que, qui, qu', dont» selon le cas.

Moi, je passe tout le temps . . . j'ai de libre à aller au cinéma. Les gens . . . le cinéma est la passion devraient habiter dans une grande ville. J'ai un ami . . . va voir un film tous les jours! Il y a tellement de films . . . on n'a pas vus! Le genre . . . je préfère? Les comédies musicales américaines . . . je connais toutes les musiques et . . . je vais voir chaque fois que je peux. Ce . . . je n'aime pas? Les films policiers.

Les genres de films
le documentaire
le film historique
le film de guerre
le film d'espionnage
le film policier
le film d'horreur
le western
le drame psychologique
la comédie
la comédie musicale
le film d'amour
les dessins animés

Situation 2

Elle A qui tu téléphones?

Lui A ton frère et à sa femme. Ils devaient être là à dix heures. Tu sais bien, on devait sortir ensemble aujourd'hui, aller déjeuner dans cette petite auberge près de Rambouillet.

Elle J'ai peur qu'ils aient oublié!

Lui Oui, ça ne répond pas. Ils ne sont pas chez eux. Qu'est-ce qu'on va faire?

Elle Ecoute, tous les dimanches c'est pareil: petit repas à la campagne, deux heures pour y aller, deux heures à table, petite balade pour la digestion, et ensuite les embouteillages pour rentrer! Ça manque d'imagination tout ça! On ne pourrait pas faire autre chose pour une fois? Tu n'aimerais pas un peu de changement de temps en temps?

Lui Bon, d'accord. Qu'est-ce que tu proposes?

Elle Aller se balader sur les quais, voir les bouquinistes, manger un croque-monsieur, et puis aller voir un bon vieux film au Quartier Latin. Comme quand tu me faisais la cour. Tu te rappelles?

Exercice 3

Mettez le verbe à la forme du subjonctif qui convient.

Anne C'est une chance que tu (être rentré) si tôt du bureau. Les Blanchet viennent d'appeler. Ils vont en pique-nique demain. Tu n' aimerais pas qu'on (aller) avec eux?

Pierre Si. On est libre demain, non?

Anne Ouf! J'avais peur que tu (avoir décidé) de faire autre chose.

Pierre Il faudrait peut-être qu'on (faire) des courses avant qu'il (être) trop tard, tu ne crois pas?

Anne Oui, j'ai dit qu'on apporterait le vin et les desserts.

Pierre Dommage qu'ils (ne pas avoir téléphoné) plus tôt; tu fais de si bons gâteaux! Dis-donc, je préfère qu'on (prendre) notre voiture demain. J'ai toujours peur quand Blanchet est au volant.

Anne Oui, moi aussi; j'aime mieux que ce (être) toi qui (conduire).

T Exercice 4

1. Que devaient faire les gens de la *Situation 2* ce dimanche?
2. Pourquoi ne feront-ils pas ce qui était prévu?
3. Que feront-ils à la place?
4. Dans le texte et dans la vie, il semble que les gens aient besoin de se déplacer le dimanche, d'aller quelque part. Pensez-vous la même chose?
5. Est-ce que ce «dimanche-restaurant» vous semble une caractéristique bien française?
6. Est-ce que les «dimanches-sortie» existent un peu partout en Europe?
7. Trouvez-vous aussi que vos dimanches «manquent d'imagination»?
8. Faites-vous vraiment ce que vous voulez le dimanche?

Comportement culturel des Français

Activités pratiquées au moins une fois par an et, pour la télévision, au moins une fois par semaine.

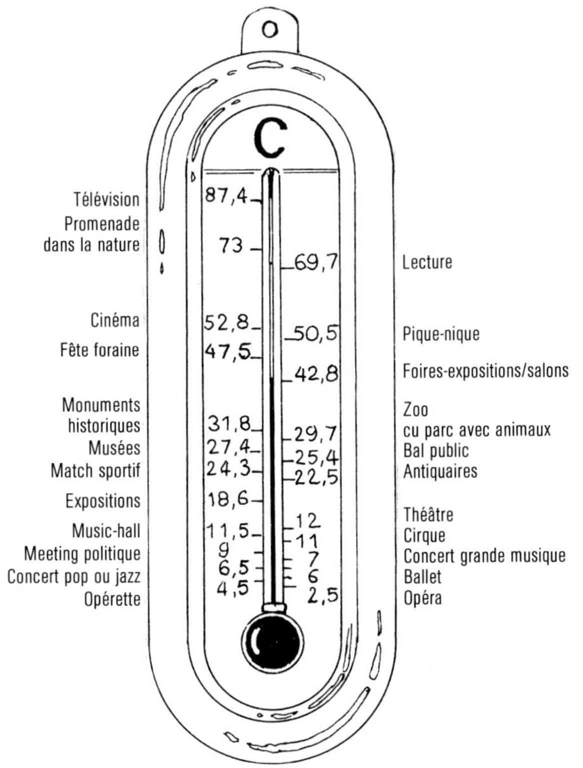

Situation 3

On sonne à la porte de Mlle Dorange.

Sylvie	Excusez-moi, Mademoiselle, je suis votre nouvelle voisine.
Chantal	Enchantée. Je m'appelle Chantal Dorange.
Sylvie	Et moi, Sylvie Gallion.
Chantal	Comment ça se passe votre installation?
Sylvie	Couci-couça. La tapisserie et la décoration, ça va. Mais j'ai toute ma cuisine à aménager. Qui est-ce qui pourrait me faire des étagères dans le quartier?
Chantal	Il y a plusieurs artisans . . .
Sylvie	Lequel est-ce que vous me conseillez? Je ne voudrais pas aller au hasard . . .
Chantal	Aucun.
Sylvie	Ah, bon? Et pourquoi?
Chantal	Moi, je fais tout moi-même. J'adore bricoler. Et en plus ça me distrait.
Sylvie	Eh bien, moi, je vous admire!
Chantal	Je vous aiderai si vous voulez.
Sylvie	Ça c'est sympa. J'accepte très volontiers.

Il y a plusieurs artisans.	Lequel	est le meilleur?
Il y a deux qualités de peinture.	Laquelle	est-ce que vous me conseillez?

T Exercice 5

1. Est-ce que Sylvie a des problèmes? Lesquels?
2. Que propose Chantal?
3. Connaissez-vous des «Sylvies»? Et des «Chantals»?
4. Dans quelle catégorie êtes-vous?
5. Les gens font de plus en plus de bricolage. Pourquoi, à votre avis? Plaisir? Nécessité? Economie? Qualité du travail?
6. Avez-vous eu des problèmes avec des artisans? Lesquels?
7. Pouvez-vous citer des cas où on peut se passer d'artisans et faire le travail soi-même?

T Exercice 6

Imaginez des dialogues d'après la Situation 3, en vous servant du tableau ci-dessous.

- Est-ce que vous pourriez m'aider / me prêter . . .
- Ça vous ennuierait de m'aider / me prêter . . .
- Vous n'auriez pas par hasard . . .

une perceuse 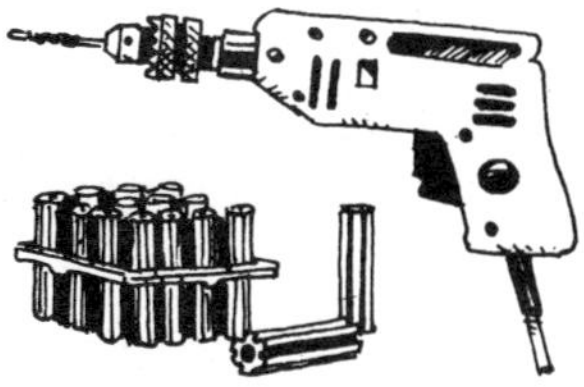

de la colle 

des chevilles

des pinces 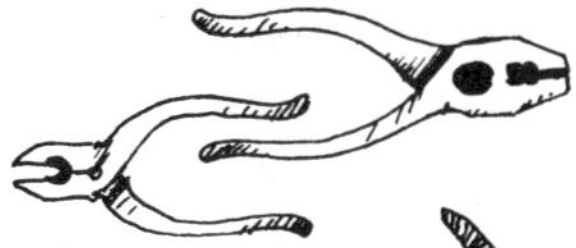

des vis 

un marteau 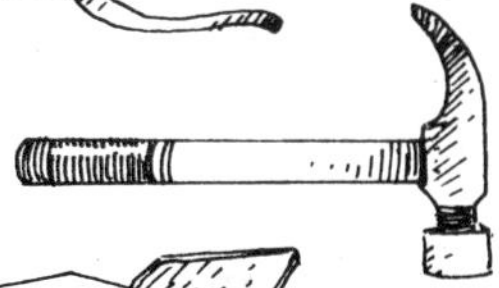

une scie 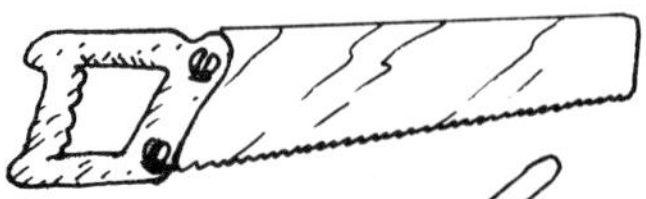

des clous 

une pelle 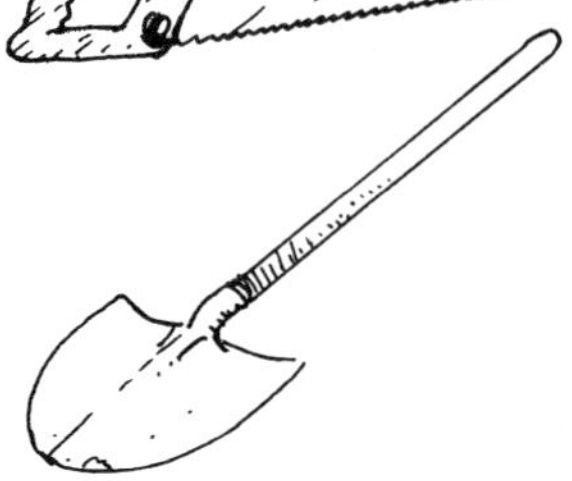

des ciseaux 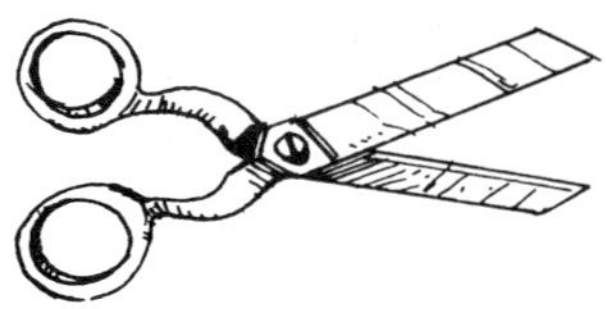

~ Attendez, je vais voir . . .
~ Bien sûr, tenez . . .
~ Je regrette, je n'en ai pas.
~ Je crois que je n'en ai plus.
~ On ne me l'a pas encore rendu(e).
~ Volontiers.

T Exercice 7

Vous voulez faire quelque chose, mais vous ne savez pas comment.
Par exemple: apprendre à faire de la photo, ou du tennis; refaire vos tapisseries; repeindre votre appartement; faire des étagères.
Renseignez-vous auprès de vos voisins pour savoir quels achats vous devez faire, quel matériel vous devez vous procurer, dans quels lieux vous devez vous rendre; demandez les heures d'ouverture des magasins etc.

Un Dimanche sans télé . . .

Exercice 8

1. Ce jour-là, la France a vécu sans télé
   a) à cause d'une grève de l'électricité.
   b) à cause d'un conflit syndical.
   c) à cause d'une panne technique.

2. Ghislaine Dujardin travaille à la radio; elle est
   a) technicienne.
   b) téléphoniste.
   c) journaliste.

3. Pour faire son enquête,
   a) elle a interviewé des gens au téléphone.
   b) elle a interviewé des téléspectateurs dans la rue.
   c) elle a téléphoné à la direction de la télévision.

4. M. Ambrosino n'a pas été dérangé par la grève car
   a) il n'a pas de télé.
   b) il ne regarde pas la télé le dimanche après-midi.
   c) il ne s'est pas rendu compte de la grève: il dormait.

5. Une dame pense que la télé est très utile
   a) parce qu'elle évite les crises dans les couples.
   b) parce qu'elle aide les gens à parler.
   c) parce qu'elle permet aux gens de se détendre.

6. Une autre, mère de famille, pense qu'une journée sans télé
   a) rend les enfants très malheureux.
   b) permet de se reposer.
   c) ne fait pas de mal aux enfants.

7. Le docteur dit
   a) qu'il a beaucoup souffert de la grève.
   b) que la grève pose des problèmes à beaucoup de gens.
   c) que la télé devrait se mettre en grève plus souvent.

8. Dimanche après-midi, la journaliste Ghislaine Dujardin
   a) est restée chez elle.
   b) est allée en forêt.
   c) est allée voir un film.

T Exercice 9

1. En 1978 La Bretagne est restée sans télé pendant quatre semaines. Pouvez-vous imaginer l'effet sur la population?

2. La télé et vous:
   - Est-ce que la télé vous empêche de faire certaines choses?
   - Est-ce que la télé vous impose un certain rythme de vie?
   - Avez-vous l'impression que la télé «remplit le silence»?
   - Préparez un sketch: la télé a annoncé une grève pour dimanche prochain. L'un de vous est un «drogué de l'image», l'autre déteste ces dimanches passés devant le petit écran.

3. La télé et les enfants:
   - Les enfants adorent la télé. Pourquoi, selon vous?
   - On entend dire: «Pour avoir la paix, je mets les enfants devant la télé.» Qu'en pensez-vous?
   - Préparez un sketch quatre à quatre (deux parents, deux enfants): Les parents suggèrent à leurs enfants d'autres manières de passer le dimanche. Chacun doit défendre son point de vue.

Contenu des programmes d'une semaine de télévision française

1. Émissions pour les enfants	6 h	11,5 %
2. Émissions pratiques (cuisine, magazine féminin)	1 h	2 %
3. Jeux	2 h	4 %
4. Divertissements	15 h 30	29 %
– Variétés (cirque, chansons, petite comédie)	(10 h)	
– Feuilleton	(2 h)	
– Reportages sportifs, catch	(3 h 30)	
5. Présentation d'œuvres	7 h 45	15 %
– Film	(2 h)	
– Théâtre	(3 h)	
– Musique classique, moderne	(1 h)	
– Arts et Lettres	(1 h 45)	
6. Informations	15 h 30	29 %
– Journal Paris-Club	(13 h 30)	
– Magazine de l'information	(2 h)	
7. Reportages et documentaires	2 h 30 (2 h)	6 %
– Interviews et débats	(0 h 30)	
8. Émissions religieuses	2 h	4 %
TOTAL	53 h environ	100 %

4. Enfin, et si une fois par semaine il n'y avait pas de programme à la télé, comme certains le souhaitent, que feriez-vous?

Le coin des loisirs

ACTIVITÉS-ACTIVITÉS

Si vous désirez faire de l'expression graphique, audiovisuelle, artisanale et/ou corporelle, venez vite à Activa-Centre. Dans des conditions très agréables et pour un prix raisonnable, Activa-Centre vous offre des activités très diverses:

Le coin des créatifs . . .

Chant choral le matin et en soirée. Reliure, le lundi après-midi. Photo le lundi également. Dessin, nombreux horaires. Théâtre, le jeudi et le vendredi en soirée.

Soi-même et les autres

Académie de cuisine: cuisine de base le mercredi; cuisine pour petits dîners le jeudi. Bridge, le mardi après-midi et en soirée. Cours d'anglais le matin et à l'heure du déjeuner.

Au bonheur du corps...

Danse classique, moderne, jazz dance et claquettes tout au long de la semaine. Yoga: différents horaires au choix.

Home, sweet home . . .

Atelier de bricolage le lundi après-midi: tapisserie, peinture et pose du papier. Décoration le jeudi et le soir. Bois, métal, verre, poterie le mardi et le mercredi. Connaissance des meubles de style. Pour tous renseignements, venez, téléphonez ou écrivez à Activa-Centre.

S.O.S. ANIMATEURS

L'association «Le Sentier Fleuri» recherche des animateurs bénévoles pour activités de week-end ou de soirée avec des jeunes handicapés physiques des hôpitaux de la région parisienne. Prendre contact avec . . .

LE TEMPS DE VIVRE

Une de nos lectrices nous fait part de la manière dont elle occupe ses week-ends. Voici quelques extraits de sa lettre qui prouve qu'on peut se distraire sans chercher bien loin ni payer bien cher.

. . .«Je ne pense pas que les gens aient perdu le goût de la nature comme on l'entend souvent dire. J'ai la chance d'habiter près du célèbre Ballon d'Alsace. Chaque dimanche nous y montons en voiture avec nos deux enfants. Nous laissons l'auto au pied d'une montagne et nous partons l'un derrière l'autre et faisons régulièrement deux bonnes heures de marche, sans nous presser et en admirant la nature et les paysages dans lesquels nous nous trouvons. Dans l'une des forêts, les professeurs et les élèves d'un C.E.S. de la région ont aménagé un circuit (parcours VITA) qui invite à faire des mouvements de gymnastique pour adultes et pour enfants. Chaque arbre, tout au long du sentier, porte son nom sur une plaquette . . .»

UNE VRAIE HOLLANDAISE

Tout à fait rétro, mais superconfortable, voici l'authentique bicyclette hollandaise qui arrive à Paris et fait une joyeuse entrée sur les routes de France. Ses avantages: sa solidité, et surtout la sensation de sécurité qu'elle procure.

D'après Marie-France (octobre 1976) et Elle (janvier 1980).

Exercice 10

	vrai	faux
1. Activa-Centre vous offre des activités variées pour vos week-ends.	☐	☐
2. Si vous êtes libre le lundi après-midi, vous pouvez faire de la poterie à Activa-Centre.	☐	☐
3. Si vous voulez vous occuper de jeunes handicapés physiques en gagnant de l'argent, ne vous adressez pas au «Sentier Fleuri».	☐	☐
4. «Le Sentier Fleuri» recherche des animateurs bénévoles à plein temps.	☐	☐
5. «Le Sentier Fleuri» est le nom d'un hôpital de la région parisienne.	☐	☐
6. La lectrice dont on parle dans «le temps de vivre» habite dans le Massif Central.	☐	☐
7. Dans sa lettre, elle parle de loisirs qui ne coûtent vraiment pas cher.	☐	☐
8. Le parcours de gymnastique VITA est réservé aux professeurs et aux élèves d'un C.E.S. de la région.	☐	☐
9. Ceux qui font le parcours VITA peuvent en même temps apprendre le nom des arbres dans la forêt.	☐	☐
10. Solidité et sécurité sont les grands avantages de la nouvelle bicyclette hollandaise. Malheureusement, elle n'est pas très confortable.	☐	☐

T Exercice 11

1. On dit que tout le monde peut tout faire en matière de loisir. Etes-vous d'accord?
   a) Pouvez-vous compléter les listes suivantes d'activités de loisir en fonction de leur coût?

très cher	cher	pas très cher	gratuit
voyages lointains . . .	ski . . .	cinéma . . .	marche à pied . . .

   b) Qu'est-ce qui, à votre avis, vous a influencé dans le choix de vos loisirs?

2. a) La pratique d'un sport vous paraît-elle importante? Ne trouvez-vous pas que certains exagèrent?
   b) Qu'est-ce que le sport vous apporte?
   c) Pourquoi les gens éprouvent-ils en ce moment un si grand besoin de faire du sport et de redécouvrir la nature?
   d) Est-ce que, d'après vous, la pratique du vélo est purement sportive? N'y a-t-il pas différents types de cyclistes?

T Exercice 12

1. Vous téléphonez à Activa-Centre pour vous informer sur les horaires, les prix et les modalités de participation à une/des activité/s de votre choix. Jouez la scène à deux.
2. Vous voulez vous occuper de jeunes handicapés. Adressez-vous par écrit ou par téléphone au «Sentier Fleuri».
3. Ecrivez une lettre à un magazine en décrivant vos activités de week-end.
4. Vous avez acheté une «vraie hollandaise». Vous allez faire une excursion en bicyclette. Décrivez le circuit que vous avez choisi.
5. Regardez la carte ci-dessous. Si vous étiez interessé(e) par l'une de ces manifestations culturelles, où est-ce que vous aimeriez aller?

Dossier 8 Vivre autrement

Situation 1

Employé Vous désirez, Monsieur?
Monsieur Je cherche une maison à acheter.
Employé Nous avons un grand choix. A quel quartier est-ce que vous aviez pensé?
Monsieur J'étais venu vous voir le mois dernier. Vous nous aviez montré une très belle maison près du parc municipal . . .
Employé Ah, je regrette, elle est déjà vendue! Mais j'ai une superbe villa au 28, rue Lamartine. Si vous voulez la visiter . . .
Monsieur Non, merci!
Employé Pardon?
Monsieur Hmm . . . Ce que j'avais beaucoup aimé, c'est le merveilleux jardin d'en face. Mais . . . il va devenir une tour de béton et de métal de vingt mètres de haut . . .
Employé Mais, Monsieur, le promoteur fera seulement un supermarché!
Monsieur Je suis désolé. Quand j'ouvre mes volets, le matin, je voudrais voir des arbres, des fleurs . . . Vous savez, les yeux, c'est tellement important!

Exercice 1

Faites des phrases sur le modèle suivant.
- Cette nuit, les jeunes ont encore fait du bruit avec leurs motos.
~ Samedi, ils avaient déjà dansé et chanté toute la nuit.

1. - Encore un avion qui a réveillé tout le quartier!
   ~ Avant-hier, . . .
2. - Ce soir, il y avait un embouteillage dans la grand-rue.
   ~ Ce matin, . . .
3. - Cet été, nous n'avons encore pas pu aller en vacances.
   ~ L'été dernier, . . .
4. - Le jour où l'autoroute a été ouverte, les habitants de Bellerive ont protesté.
   ~ Il y a deux ans . . .
5. - Tiens, le journal parle encore du projet de zone piétonne!
   ~ Dans le numéro de lundi, . . .
6. - Hier le promoteur a refusé à nouveau de me faire visiter cette villa.
   ~ Mardi dernier, . . .
7. - Mon beau-frère est content, il a enfin trouvé un bel appartement.
   ~ L'année dernière, . . .

Exercice 2

Observez bien les dessins ci-dessous.
Relevez et discutez les transformations que vous avez remarquées.

Situation 2

Monsieur le Maire, Vicq, le 3 avril 1980

Les habitants du Quartier Saint-Jacques, après de nombreuses démarches restées sans résultat auprès des services de la Mairie, ont décidé pendant leur réunion d'aujourd'hui de former une association de défense.
En effet, il y a cinq ans déjà, avant les dernières élections municipales, vous nous aviez promis

- qu'on réduirait les mouvements des avions postaux la nuit après 22 heures.
- qu'on construirait une route rapide à l'extérieur de Vicq et que les camions ne passeraient plus au centre-ville.
- qu'on limiterait la vitesse de la circulation pour diminuer le bruit.

Jusqu'à maintenant, rien n'a été fait. Cette situation devient intolérable et impossible à supporter plus longtemps.
Nous protestons contre votre inaction, et nous vous informons que nous avons demandé au journal régional, "L'Echo de la Plaine", de publier le texte complet de cette pétition dans son édition de samedi.
En l'absence de réponse de votre part, nous utiliserons d'autres moyens d'action.

L'Association de Défense
"Quartier Saint-Jacques"

Exercice 3

Continuez d'après l'exemple suivant en vous aidant du tableau ci-dessous.

- Quel bruit! Ce n'est plus possible!

~ On nous avait pourtant promis qu'on interdirait cette rue aux camions!

1. – Avec cette circulation, impossible de traverser la rue!
   ~ . . .
2. – Presque une demi-heure pour faire 500 mètres! Je vais être en retard!
   ~ . . .
3. – Pas une seule place pour stationner! Si ça continue, on ne pourra pas faire les courses ce soir.
   ~ . . .
4. – Le feu passe au vert, mais personne n'avance!
   ~ . . .
5. – Tu as vu les enfants qui jouent au football dans la rue?
   ~ . . .
6. – Quelle circulation, ça sent mauvais! Ce n'est pas un plaisir de faire les magasins!
   ~ . . .

promettre	interdire le stationnement des voitures	mettre la rue en sens unique
assurer	changer le sens de la circulation	placer un feu pour piétons
dire	construire un parking souterrain	agrandir le carrefour
garantir	installer un terrain de jeux pour les enfants	élargir la grand-rue
raconter	faire une zone interdite à la circulation	faire une zone piétonne

Le petit jardin

C'était un petit jardin
Qui sentait bon le Métropolitain
Qui sentait bon le Bassin Parisien
C'était un petit jardin

Avec une table et une chaise de jardin
Avec deux arbres, un pommier et un sapin
Au fond d'une cour à la Chaussée d'Antin
Mais un jour près du jardin
Passa un homme qui au revers de son veston
Portait une fleur de béton
Dans le jardin une voix chanta

De grâce, de grâce
Monsieur le Promoteur
De grâce, de grâce
Préservez cette grâce
De grâce, de grâce
Monsieur le Promoteur
Ne coupez pas mes fleurs.

C'était un petit jardin…

Avec un rouge-gorge dans son sapin
Avec un homme qui faisait son jardin
Au fond d'une cour à la Chaussée d'Antin
Mais un jour près du jardin
Passa un homme qui au revers de son veston
Portait une fleur de béton
Dans le jardin une voix chanta

De grâce…

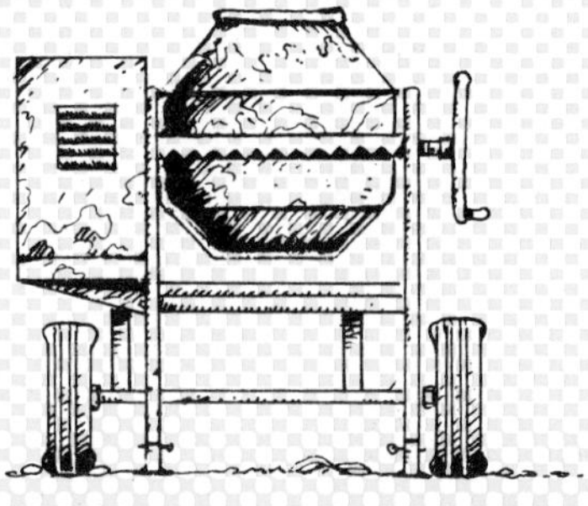

C'était un petit jardin
Qui sentait bon le Bassin Parisien
A la place du joli petit jardin
Il y a l'entrée d'un souterrain
Où sont rangées comme des parpaings
Les automobiles du centre urbain.

C'était un petit jardin
Au fond d'une cour à la Chaussée d'Antin (bis).

J. Dutronc et J. Lanzmann

Exercice 4

1. Ecoutez plusieurs fois la chanson; en même temps, essayez de dessiner ce qu'elle vous fait imaginer.
2. Echangez votre dessin avec celui de votre voisin(e) et racontez ce que vous y voyez.
3. Essayez de chanter cette chanson.
4. Imaginez une histoire au sujet du petit jardin.

T Exercice 5

Imaginez une discussion entre le vieux jardinier et le promoteur qui passe. Vous pouvez vous servir des mots ci-dessous.

le temps		les voitures
le calme	vendre	la vitesse
les oiseaux		le bruit
les parfums		l'argent
les fleurs		la circulation
les arbres		les mauvaises odeurs
les souvenirs		les fumées
la nature		les contraintes
la liberté	acheter	la monotonie
les couleurs		l'ennui

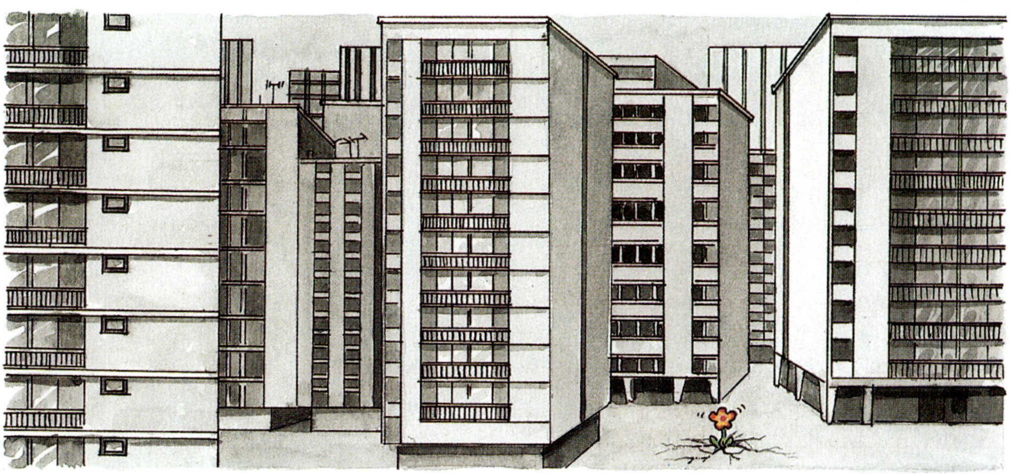

Situation 3

- Bonjour, Madame Michelet! Il y a longtemps que je ne vous avais pas vue! Ah, mais dites, il n'a pas bonne mine, votre Jean-Paul!
~ Ne m'en parlez pas. Il mange mal, il tousse sans arrêt . . . et puis il me rapporte un nouveau rhume de l'école chaque semaine.
- Vous devriez faire attention; ça pourrait se compliquer . . .
~ Je ne sais plus quoi faire! Je suis toujours en train de l'amener chez le docteur.
- Moi, je crois qu'il faudrait l'envoyer en classe de neige, en Auvergne par exemple. Ça lui ferait un bon changement d'air, . . . et il mangerait de bons produits frais, naturels, biologiques . . . Maintenant, avec tous ces colorants qu'on mange . . . Oui, moi, c'est ce que je ferais . . .
~ C'est une bonne idée. Je vais en parler à mon mari.

T Exercice 6

Vous êtes dans l'une des situations suivantes. En vous aidant des tableaux ci-contre vous protestez et vous mettez en garde.

1. L'épicier d'à côté brûle souvent des vieux cartons dans l'arrière-cour.
2. Un groupe de jeunes font marcher leurs motos chaque soir sous vos fenêtres.
3. Les gens de l'appartement du dessus dansent chaque samedi jusqu'à trois heures du matin.

4. Un voisin a garé sa voiture devant votre garage. Elle est fermée à clé.
5. L'arrêt de l'autobus est juste devant votre porte. Vous avez demandé qu'on le déplace. Rien n'a été fait.
6. Le chien de la maison d'en face reste dehors la nuit et aboie. Les locataires de la maison se plaignent.

Attention! Faites attention! Il faut faire attention. Vous devriez faire attention. Je vous préviens.	Ça suffit! C'est incroyable. C'est intolérable. Ce n'est plus possible. Si ça continue . . . La prochaine fois . . .	se plaindre appeler la police téléphoner à la police protester chez le maire aller voir les parents écrire à la mairie en parler avec les voisins réunir le comité de quartier

Situation 4

Saviez-vous que . . .

- les trois quarts de l'énergie consommée en France proviennent d'importations de pétrole, de gaz et de charbon?
- en 1978, l'électricité nucléaire a représenté 13,5 % de la production totale d'électricité et 35 % de nos besoins en énergie?

T Exercice 7

1. Pouvez-vous commenter les deux illustrations ci-dessus?
2. La crise de l'énergie n'est, bien sûr, pas un problème spécifique à la France. Vous sentez-vous concerné? Si oui, que pourriez-vous faire, vous personnellement?
3. Pensez-vous qu'il soit vraiment possible «d'économiser l'énergie sans changer sa façon de vivre»?

Changer la vie

Vandoncourt est un village curieux. Il s'y passe plein de choses, on sent ça tout de suite. Vous arrivez un dimanche de décembre et vous voilà à la salle des fêtes au repas de Noël des anciens, à danser la valse et à manger des gâteaux. Vous revenez en février, on vous invite à quatre ou cinq réunions, à une fête, au conseil municipal ouvert à tous . . .

En 1968, Jean-Louis, le maire, 56 ans, instituteur en retraite, revient dans son village. Un village comme les autres; un peu plus village même, situé près de deux villes industrielles de l'Est de la France; mais, il ne s'est pas laissé prendre par les promoteurs et la construction anarchique de lotissements. Il est resté rond, comme par le passé, avec cette rue qui fait le tour, et la mairie-école au milieu. Six cents habitants, presque tous ouvriers chez Peugeot, et quatre familles de paysans. Avant, c'était devenu un village dortoir. Aujourd'hui, non seulement les jeunes ne s'en vont plus le dimanche, mais ceux des autres villages aiment y venir. A Vandoncourt, il se passe toujours quelque chose . . . Des associations, il y en a déjà une vingtaine! Jean-Louis, dans sa cour, est en train de peindre sur sa voiture «changer la vie».

Ce soir, il y a réunion du conseil municipal . . . Au milieu de la salle, deux lampes: vert, tout le monde peut parler; rouge, le conseil décide . . . Jean-Louis veut faire voter un texte qui interdit les toits plats des maisons. Ils ne sont pas de la région. Ceux qui sont en harmonie avec le climat et le paysage sont pointus. Personne ne proteste. On ne construira plus une seule maison sans son autorisation.

La salle des fêtes a besoin d'un nouveau chauffage. Bien sûr, on avait pensé qu'on aurait pu tout simplement le remplacer par un chauffage neuf au fuel. Un groupe de jeunes écologistes propose de construire ensemble un chauffage solaire. Ce serait la solution moderne idéale pour faire des économies d'énergie et pour réduire la pollution. Adopté à l'unanimité. A partir de ce soir, dans toute la commune, on n'utilisera plus de produits chimiques pour détruire les mauvaises herbes. Un paysan applaudit très fort. Un habitant, amoureux des fleurs, propose d'appeler sa rue: «Rue du Bel-Endroit». On décide que l'année prochaine on fera la liste des richesses de la commune: les plantes, les pierres, les fleurs, les fruits, les maisons . . . avec l'aide des petits et des grands.

C'est fou le pouvoir d'un maire quand il sait s'en servir.
Depuis dix ans, les changements ont été nombreux. Mais Jean-Louis a toujours des projets plein la tête et chaque projet est une nouvelle lutte. Par exemple, la chasse qu'il voudrait interdire sur le territoire de sa commune. Mais c'est une autre histoire . . .

D'après Marie Muller, *Mon village à cent à l'heure,*
Le Nouvel Observateur, 20/II/78.

Exercice 8

1. Quand on arrive à Vandoncourt, on remarque
   a) que le village est vide.
   b) que le village est très vivant.
   c) que les habitants restent à la maison.

2. Le maire de Vandoncourt
   a) est né dans ce village.
   b) est très vieux.
   c) travaille encore à l'usine.

3. Le village de Vandoncourt
   a) a beaucoup plus de maisons qu'il y a dix ans.
   b) a moins de maisons qu'avant.
   c) n'a pas changé.

4. Dans la population du village, on trouve
   a) une majorité de paysans.
   b) une majorité d'ouvriers.
   c) seulement des ouvriers en retraite.

5. Les jeunes de Vandoncourt
   a) aiment passer leur temps libre au village.
   b) ont quitté le village.
   c) ne retournent au village que pour dormir.

6. Dans les discussions du conseil municipal,
   a) seul le maire propose et décide.
   b) tout le monde peut proposer quelque chose.
   c) personne n'est d'accord avec le maire.

7. Jean-Louis, le maire,
   a) ne sait pas quoi faire pour animer son village.
   b) ne veut plus rien faire.
   c) a beaucoup d'idées qu'il espère réaliser.

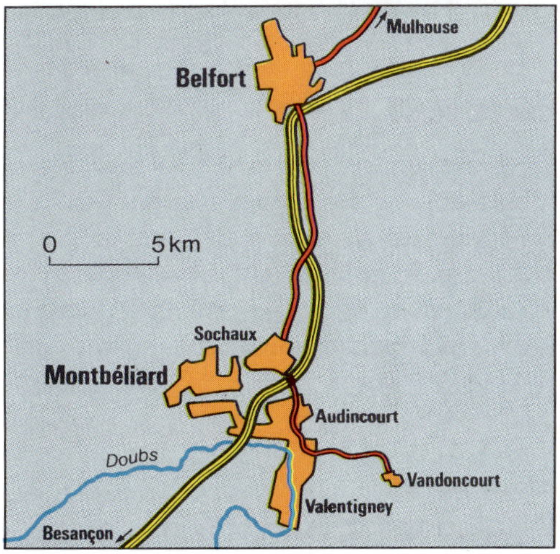

Exercice 9

Cherchez le mot qui ne fait pas partie du groupe, et dites pourquoi.

1.	bruit	environnement	mauvaise odeur	fumée
2.	pétition	protestation	pollution	réclamation
3.	départ	stationnement	parking	arrêt
4.	embouteillage	circulation	voiture	aéroport
5.	promoteur	municipalité	locataire	propriétaire
6.	intolérable	insupportable	indispensable	inadmissible
7.	oiseau	fleur	arbre	herbe
8.	aimer	désirer	préférer	refuser

T Exercice 10

Si on vous disait . . ., qu'est-ce que vous répondriez?

1. Laissez votre voiture à la maison; prenez le train!
2. Pourquoi est-ce que vous habitez au centre-ville?
3. A votre place, je prendrais ma bicyclette pour aller au travail.
4. Le grand air, la santé, c'est là-haut, dans les Alpes!
5. Pourquoi achetez-vous/n'achetez-vous pas de produits biologiques?

T Exercice 11

1. Faites le plan d'un quartier idéal ou d'une ville idéale et expliquez votre dessin.
2. Regardez la carte de la région où vous habitez. Vous avez la responsabilité de décider la construction d'une autoroute/l'installation d'une centrale nucléaire. Expliquez les décisions que vous prenez et pourquoi.
3. Vous êtes candidat aux élections municipales de votre commune. Vous expliquez aux élus de votre ville jumelée française ce que vous voulez faire pour combattre la pollution et améliorer le cadre de vie, l'environnement dans votre ville.

T Exercice 12

Regardez l'affiche ci-contre: quels sont à votre avis les problèmes posés par la pollution?

LES AMIS DE LA TERRE 25 quai Voltaire paris 7e ● ASSOCIATION DE RECHERCHE CULTURELLE D'ASSAS librairie de la commune 25 rue geofroy St hilaire paris 12e ● CLÉ (comité de lutte écologique) ● Comité anti-nucléaire 73 rue buffon paris ● ETRE (révolution écologique) B.P. 10 paris-9e ● FÉDÉRATION DES USAGERS DE TRANSPORT 14 le clos verrières 91

Dossier 9 La France des régions

Situation 1

Quelque part en Auvergne, une radio pirate: voici sa première émission.

Ici Radio Arverne!
Ici Radio Arverne!

Chers amis Auvergnats de Clermont, voici la première émission de votre radio libre. Ne cherchez pas notre visage. L'Etat et ses fonctionnaires nous interdisent d'en avoir un! Aucun gouvernement, vous le savez, ne nous acceptera!

Mais puisque l'administration centrale, les autorités régionales ne veulent pas vous informer, nous, nous voulons tout vous dire sur notre ville et notre région: l'autoroute vers le Nord et vers le Sud qui ne vient toujours pas, les écoles qu'on veut fermer dans certains villages. Nous ne laisserons pas un seul problème important dans l'ombre! Les solutions? Vous les trouverez avec nous: Participez à nos discussions!

Il faut que la capitale comprenne que la province existe. Ecoutez-nous tous les soirs sur 93 MHz!

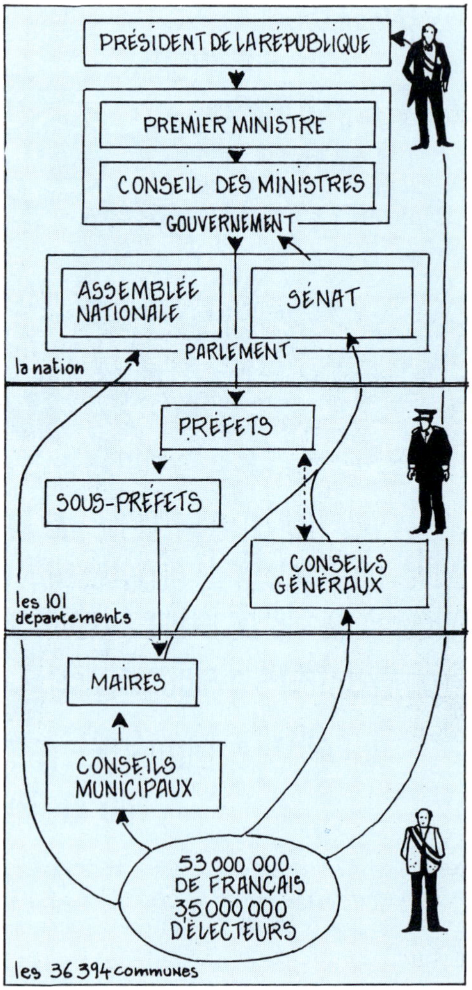

Exercice 1

Choisissez le mot qui convient.

«Toutes les tendances politiques pourront s'exprimer librement, assure le Ministre, sous le contrôle d'un organisme indépendant.»

Le contrôle, toujours le contrôle! Elles ne demandent personne / rien / seul, les radios libres; simplement qu'on les laisse causer tranquilles dans leur coin. Tout le monde le sait, aucun / autant / pas un seul Français de province ne sera contre les radios libres. Tout le monde / Jamais / Personne n'est obligé de les écouter. Quelqu'un / Personne / Chacun choisira la radio qui lui plaira comme personne / chaque / chacun choisit son journal. Pas de / Aucun / Chacun député démocrate ne dirait le contraire.»

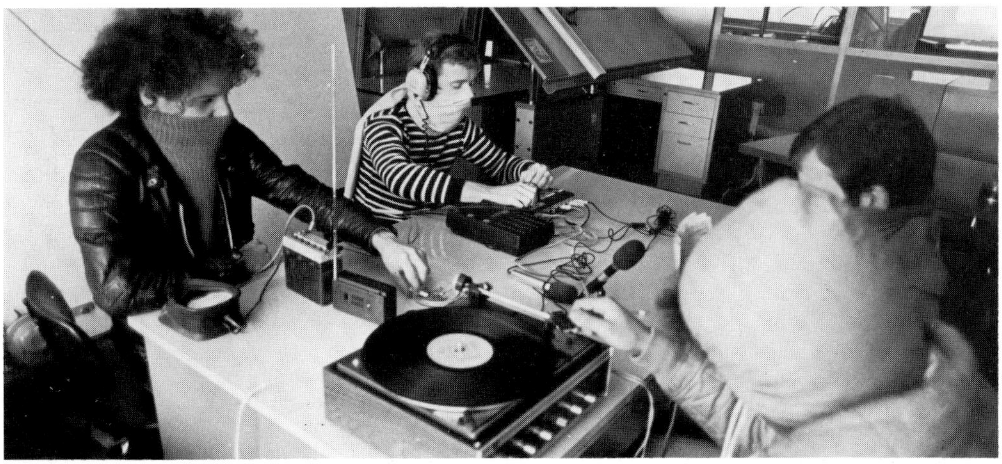

T Exercice 2

1. Si vous deviez faire une émission, qu'est-ce que vous diriez?
2. Quelles seraient vos revendications?
3. Y a-t-il d'autres moyens que la radio pirate pour s'exprimer?

Situation 2

Mesdames, Messieurs,

J'ai décidé de réunir aujourd'hui le Conseil municipal en séance extraordinaire pour des raisons graves.

Paris vient de m'informer cette semaine de trois décisions regrettables:

- L'autoroute qui devait passer tout près de notre ville sera déplacée à 23 km à l'Ouest, alors que nulle part l'itinéraire n'aurait été plus logique et plus facile qu'ici.
- Les trains rapides vers Paris et Lyon ne s'arrêteront plus chez nous à partir de l'an prochain: une catastrophe pour l'économie de notre ville.
- J'apprends enfin que Electricité de France veut installer une centrale nucléaire juste au sud de la ville: «Il faut bien qu'elle soit quelque part», m'a-t-on dit à Paris!

On m'avait pourtant assuré que rien ne serait décidé sans prendre l'avis des maires et de la population. Si j'avais su, il y a quatre ans, qu'un maire a si peu d'importance à Paris, je n'aurais évidemment jamais accepté cette responsabilité.
Dans ces conditions, je remettrai dès demain ma démission au Préfet. Je vous remercie de m'avoir accordé votre confiance.

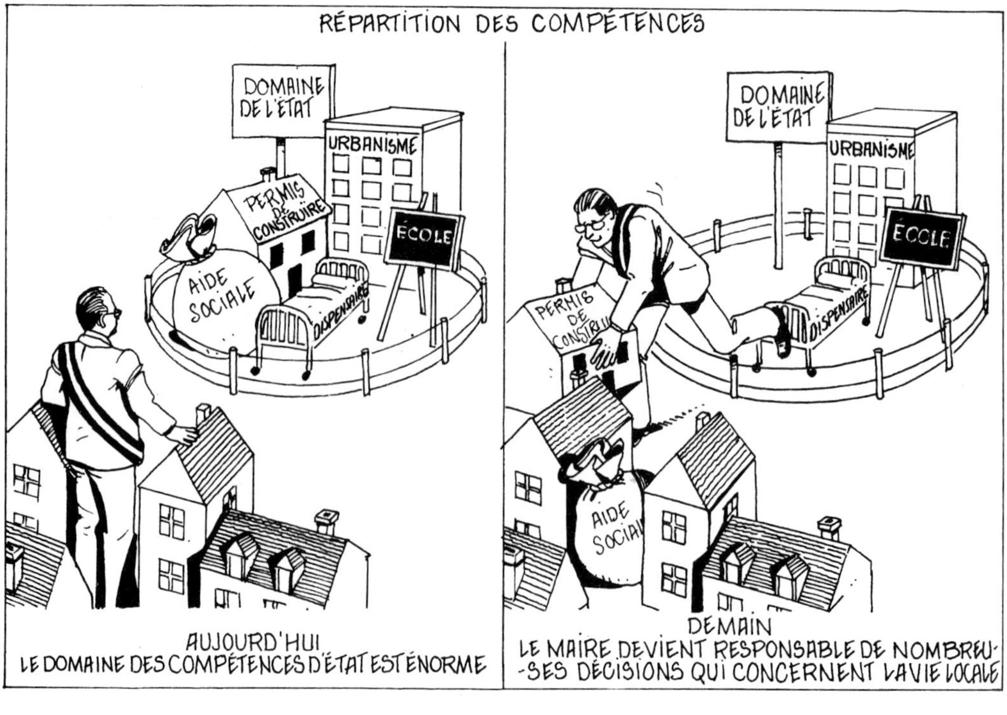

Exercice 3

Complétez d'après l'exemple suivant.

Il y a encore des manifestations en Bretagne.
Si tu avais lu le journal, tu n'y serais pas allé le week-end dernier.

1. Je connais un douanier corse qui n'arrive pas à s'habituer à l'Alsace.
   S'il avait su cela, il . . . . .
2. Il y a eu des manifestations violentes en Corse.
   Si . . . . ., il n'y aurait pas eu trois morts.
3. Les viticulteurs du Languedoc ont versé des milliers de litres de vin sur l'autoroute.
   Si les fonctionnaires du Marché Commun avaient tenu parole, . . .
4. On vient d'apprendre l'implantation d'une centrale nucléaire dans la région.
   Si . . . . ., les habitants auraient tout fait pour l'empêcher.
5. Les plages du Finistère sont à nouveau complètement polluées.
   S'il n'y avait pas eu l'accident de ce pétrolier, ...
6. 200 moutons du Larzac devant le ministère de l'Agriculture à Paris.
   Si le préfet avait accepté de recevoir les paysans, ...

T Exercice 4

1. Est-ce que le maire de la *Situation 2* a raison de démissionner?
2. Pensez-vous que la même chose pourrait se passer en Allemagne?
3. Regardez les illustrations ci-dessus. Y a-t-il des mouvements régionalistes en Allemagne?
4. Quels sont les pouvoirs du maire et du Conseil municipal chez vous?

Situation 3

COURRIER

Parce que Louis XIV a pris notre pays pour payer Versailles; parce que nous avons toujours été un peuple obéissant et travailleur; parce que guerre après guerre notre terre a été occupée; parce que nos paysages sont salis pour toujours; parce que nous parlons patois; parce que nous aimons notre pays, nos ducasses, nos bières; parce que nous votons à gauche; parce que nous en avons assez d'être oubliés, comme d'autres régions de France, nous, gens du Nord, nous sommes des sous-Français. Messieurs de Paris, que faites-vous pour nous?

D'après Le Nouvel Observateur, 15/I/79.

T Exercice 5

1. Dans quelle autre région d'Allemagne est-ce que vous aimeriez vivre? Dites pourquoi.
2. Connaissez-vous des régions défavorisées en Allemagne? En Europe?
3. Dans quelle grande ville allemande est-ce que vous n'aimeriez pas habiter? Pourquoi?
4. Est-ce que vous aimeriez vivre en France? Pour quelles raisons?

Le réveil des Flamands

Exercice 6

1. Nous venons d'écouter une interview
   a) entre un Flamand et un Lyonnais.
   b) entre un Français et un Belge.
   c) entre un Flamand et un Lillois.

2. Au cours des 50 dernières années
   a) en Flandre, on n'osait pas dire qu'on était Flamand.
   b) les Flamands se sont sentis entièrement acceptés par les Français.
   c) les Flamands n'ont jamais eu honte de leurs origines.

3. Actuellement il y a
   a) bien plus de gens qui parlent le vlamsch qu'il y a 100 ans.
   b) beaucoup moins de personnes qui pratiquent le Flamand qu'au 19e siècle.
   c) seulement une toute petite minorité de gens qui comprennent le flamand, mais plus personne ne le parle.

4. Aujourd'hui, les jeunes Flamands
   a) sont très actifs et font revivre leur région.
   b) ne s'intéressent pas à leur région.
   c) sont très conservateurs.

5. La population de la Flandre
   a) veut une région indépendante de la France.
   b) veut que Paris continue à s'occuper de tout.
   c) veut s'occuper elle-même de ses affaires.

6. L'économie de la Flandre
   a) ne pose pas de problèmes.
   b) s'est beaucoup développée dans les cinq dernières années.
   c) offre de moins en moins d'emplois.

Exercice 7

1. Pourquoi est-ce que les Flamands ont peur de dire qu'ils sont Flamands?
2. Pourquoi est-ce qu'on pense qu'ils sont un peu «Belges»?
3. Pour Pierlala, qu'est-ce que l'identité flamande?
4. Pourquoi est-ce que si peu de Flamands parlent encore le vlamsch aujourd'hui?
5. Quel rôle ont joué les instituteurs pendant un siècle en Flandre?
6. Quelle a été l'influence de la langue française sur la culture flamande?
7. Quelle action mènent aujourd'hui les jeunes Flamands? Comment?
8. Quelle sorte de régionalisme veulent-ils maintenant?
9. Quelles libertés demandent-ils à Paris? Quelles responsabilités veulent-ils prendre?

Sept minorités en France

Depuis son enfance tout Français a plus ou moins un hexagone dans la tête. Il a appris à l'école que l'unité de son pays s'est faite lentement, grâce au travail des rois de France, puis de la Révolution et de la République. Et pourtant, en France, sept «peuples» ont plus ou moins bien conservé leurs langues (ou dialectes): Catalans du Roussillon qui regardent souvent vers Barcelone; Basques des Pyrénées Atlantiques qui tiennent Bilbao pour leur capitale; Bretons qui se sentent souvent plus proches par leurs langues de l'Irlande et du Pays de Galles; Flamands de l'arrondissement de Dunkerque qui se sentent dans une province néerlandaise; Alsaciens décidés à ne rien sacrifier de leur double et même triple richesse linguistique: le dialecte et la langue littéraire allemande, et naturellement, le français que personne ne leur conteste plus; Corses, eux aussi, tous bilingues; Occitans enfin, depuis peu réveillés et fiers de leur culture latine.
Ces sept minorités, dans l'hexagone et dans leurs provinces, appartiennent toutes depuis la Révolution à un État qui ne veut plus voir que des «citoyens égaux». Leurs langues, qui reculaient perpétuellement depuis l'école de Jules Ferry où l'on punissait l'élève qui parlait patois, semblent aujourd'hui revivre. Ces minorités culturelles veulent que leurs langues aient maintenant leur place à l'école, comme dans d'autres démocraties libérales d'Europe. Cette renaissance a été accélérée par «les événements» de Mai 1968 et a tendance à se confondre avec le mouvement écologique.
Pour beaucoup de jeunes, la rivière propre, les cultures régionales, la démocratie locale, la lutte antinucléaire sont une même lutte. La langue de grand-père et l'autogestion avancent ensemble sur le même chemin, dont personne ne sait exactement où il conduit. L'avenir dira si l'opinion et les pouvoirs publics ont prêté l'oreille aux revendications des générations.

D'après Jean-Pierre Richardot, Le Monde, 26/X/1977.

Exercice 8

	vrai	faux
1. En France, sept régions sont bilingues.	☐	☐
2. Bilbao est la ville la plus importante du Pays Basque français.	☐	☐
3. Les Flamands de la région de Dunkerque parlent à peu près la même langue que les Hollandais.	☐	☐
4. J. Ferry a introduit les dialectes dans les écoles publiques.	☐	☐
5. La renaissance des langues régionales s'est arrêtée en 1968.	☐	☐
6. Beaucoup de régionalistes sont aussi des écologistes.	☐	☐
7. La Révolution française a décidé de ne plus faire de différences entre les régions de France.	☐	☐

Exercice 9

Les sept minorités: complétez le tableau suivant.

régions	langues
Roussillon	________________
Pays Basque	________________
Bretagne	________________
Flandre	________________
Alsace	________________
Corse	________________
Occitanie	________________

T Exercice 10

1. Quelles sont les particularités de votre région?
2. Est-ce qu'on parle une autre langue ou un dialecte dans votre région?
3. Quelles sont les particularités de cette langue? Est-ce qu'elle est écrite? Est-ce qu'elle est parlée par une minorité? Pourquoi?
4. Est-ce qu'il y a dans votre région des coutumes et des habitudes qui disparaissent? Est-ce qu'il y en a également qui réapparaissent?
5. Connaissez-vous d'autres régions en Europe où le régionalisme joue un rôle important? Qu'en pensez-vous?
6. Choisissez une région française que vous connaissez et décrivez-la.
7. Êtes-vous traditionaliste? Régionaliste? Expliquez pourquoi.

Tres vidas

E me caldria força mai lum
E d'uelhs mai grands e lo coratge
D'esperar per damont la nueit
Damont lo freg vaire l'image
D'un poble redevengut grand

Ascota: me caldria tres vidas
Una per ensenhar ma lenga
Un autra per cantar mon poble
Una per viure entre los meunes
Omes tornar, omes plan dreites.

Claude Marti

Trois vies

Il me faudrait plus de lumière
Des yeux plus grands et le courage
D'attendre au bout de la nuit
Au bout du froid, venir l'image
D'un peuple redevenu grand

Ecoute: il me faudrait trois vies
Une pour enseigner ma langue
Une autre pour chanter mon peuple
Une pour vivre au milieu des miens
Hommes de nouveau, hommes debout.

Dossier 10 Les jeunes

Situation 1

Elle T'as jamais eu envie d'avoir une voiture?

Lui Non. Et je vais te dire pourquoi je préfère ma moto. D'abord c'est pas cher à entretenir, surtout si, comme moi, on a son CAP de mécanicien. Ensuite, c'est la vraie liberté. Et c'est aussi une autre mentalité. C'est comme si on se connaissait tous. Si un motard a des ennuis sur la route, on s'arrête. Même si c'est une petite moto. Ça ne dépend pas des centimètres cubes! On se rend service, on se dépanne. On forme une sorte de communauté. T'as remarqué? Quand on se croise sur la route, on se fait toujours un signe de la main.

Exercice 1

En vous aidant des éléments a) et b), formez les phrases d'après les exemples suivants.

- Je ne veux pas que tu achètes cette moto même si elle est bon marché.
- Les motos sont dangereuses surtout si elles sont grosses.

a)

1. Tu n'achèteras pas de moto avant d'avoir 18 ans.
2. La moto, c'est dangereux.
3. Les motards sont souvent imprudents.
4. Certains s'achètent une moto.
5. Les motards se saluent sur la route.
6. En ville, on va plus vite en moto qu'en voiture.
7. Je ne veux pas que tu montes derrière ton copain.
8. En moto, les risques sont grands.
9. Une moto se répare facilement.
10. Je suis contre l'achat d'une moto.
11. Une moto, c'est chouette.
12. Une moto, ça revient cher.

b)

1. Ils sont jeunes.
2. Il pleut.
3. Tous les copains en ont une.
4. Ils ne se connaissent pas.
5. Il est prudent.
6. On s'y connaît un peu en mécanique.
7. Tu as de l'argent.
8. On aime la vitesse.
9. On ne porte pas de casque.
10. On veut avoir un bon équipement.
11. Il y a des embouteillages.
12. Ils ont déjà une voiture.

Exercice 2

1. Si votre fille/fils voulait acheter une moto, comment réagiriez-vous? (moto, ou delta plane ou patins à roulettes/à glace, selon l'âge et les goûts) Seriez-vous pour ou contre?
2. Quels arguments donneriez-vous?
3. Imaginez les raisons d'un jeune pour réclamer l'une de ces choses.

Situation 2

Les trois «je veux» de la jeunesse

«. . . Si la science leur donne froid dans le dos, c'est à cause des choses qu'ils ont apprises sur l'atome. Au bout, il y a peut-être la bombe et – qui sait? – la fin du monde. Une nature propre, sans l'atome, c'est le premier «je veux» des jeunes de 1979.
Leur deuxième «je veux», c'est la chaleur humaine et d'abord celle de la famille. Ils se révoltent non pas pour claquer la porte mais pour obtenir l'«écoute» des adultes.
Leur troisième «je veux» est un besoin de démocratie et de liberté. 49% croient que la France se transformera en société socialiste. Quel socialisme? Une idée floue et généreuse. «Moins d'inégalités», c'est la définition qui revient le plus.»

Extrait d'une enquête de l'Express, 20/I/79.

	J'ai appris	trois choses	sur la jeunesse.
Les trois choses	que j'ai apprises		sur la jeunesse . . .

Exercice 3

Choisissez la forme du verbe qui convient.

1. Ils ont . . . . des choses sur l'atome.	apprendre
2. Voici toutes les choses qu'on a . . . . . ou . . . . sur le sujet.	lire/entendre
3. Tout ce que les écologistes ont . . . . . sur la pollution est bien connu.	écrire
4. De nombreuses solutions sont	offrir
5. Ces propositions, les scientifiques les ont . . . . depuis longtemps.	faire
6. Il faut protéger la nature, la jeunesse l'a bien	comprendre
7. «Moins d'inégalités», c'est la réponse que beaucoup de jeunes ont . . . . . à la question: «Quel socialisme?».	donner

Situation 3

Un jeune	Bon. Les mecs, on va pas rester ici toute la journée! Je connais un bistrot super sympa à côté. On y va? Ils ont une musique vachement cool.
Un autre	Arrête tes conneries! Tu sais bien qu'il faut qu'on attende les nanas!
La dame	Mais qu'est-ce qu'ils racontent ces jeunes? Je ne comprends rien à ce qu'ils disent. Ils parlent pourtant français!
Le monsieur	C'est la langue des jeunes de maintenant. Rappelle-toi, nous aussi, nous avions notre argot.

Petit lexique des années 80

(se) barrer	s'en aller, partir	*flipper*	souffrir, être malheureux
bidon	vide, sans valeur	*fringues*	vêtements
connerie	bêtise qu'on fait ou qu'on dit	*larguer*	quitter quelqu'un
cool	1. à la mode 2. sympathique 3. sûr de soi, calme	*mec*	garçon
		nana	fille
débile	sans intérêt, idiot	*super*	formidable, extra
dingue	fou, remarquable en bien ou en mal	*vachement*	très

Exercice 4

A l'aide du lexique ci-dessus, traduisez les phrases suivantes

1. Pas question que je fasse un boulot débile.
2. Les programmes de télé sont débiles.
3. C'est dingue, le boulot que j'ai en ce moment!
4. Il est complètement bidon, ce mec.
5. J'aime bien porter des fringues cool, un pull et un jean
6. C'est une nana vachement cool.
7. Allez les mecs, on se barre.
8. D'entendre ces conneries ça me fait flipper.
9. Il flippe vachement depuis que sa nana l'a largué.

Situation 4

Le fils Un an dans une caserne! Je vais devenir fou. Je crois que je vais aller me renseigner sur les objecteurs de conscience.

Le père Eh, attention! Je te signale qu'être objecteur de conscience ne veut pas dire chercher un moyen pour ne pas faire son service militaire! Ça veut dire être contre la guerre, la violence, l'obligation de tuer. C'est un problème grave. Et je t'avertis qu'il n'est pas facile d'obtenir le statut d'objecteur de conscience. On passe devant une commission d'enquête et on doit défendre soi-même ses idées morales, religieuses ou philosophiques.

Le fils Et si on obtient le statut?

Le père On fait un service national de deux ans au lieu d'un.
Je te conseille de bien réfléchir. Tu devrais penser aux autres possibilités, puisque tu ne veux pas aller en caserne. Il y a aussi la coopération. Tu pourrais aller en Afrique, ou au Canada francophone. Ça serait plus agréable . . .

Le déserteur (extraits)

Monsieur le Président
Je vous fais une lettre
Que vous lirez peut-être
Si vous avez le temps

Je viens de recevoir
Mes papiers militaires
Pour partir à la guerre
Avant mercredi soir

Monsieur le Président
Je ne veux pas la faire
Je ne suis pas sur terre
Pour tuer des pauvres gens

Depuis que je suis né
J'ai vu mourir mon père
J'ai vu partir mes frères
Et pleurer mes enfants

Je mendierai ma vie sur
les routes de France
De Bretagne en Provence
Et je dirai aux gens

Refusez d'obéir
Refusez de la faire
N'allez pas à la guerre
Refusez de partir

Boris Vian, *Textes et chansons,* 1975.

T Exercice 5

1. Comparez les arguments du «fils» avec ceux du «déserteur».
2. Service militaire ou service national – quelle est votre opinion à ce sujet?
3. Avez-vous des objecteurs de conscience dans votre famille/parmi vos amis? Quels sont leurs arguments?

Dialogue de sourds?

Exercice 6

1. Une jeune fille se plaint de son père qui n'est pas souvent là. Et quand il est à la maison, que se passe-t-il?
2. Le médecin se plaint des jeunes de maintenant. Pourquoi est-il furieux contre ses filles et leurs copains?
3. Pourriez-vous dire ce que le monsieur très sévère reproche aux jeunes d'aujourd'hui?
4. Parmi les avis positifs, il y a celui d'une dame.
   Que dit-elle de sa jeunesse à elle?
   Comment a-t-elle voulu élever ses enfants?
5. Comment faire pour se procurer davantage d'argent de poche? Une jeune fille nous donne deux renseignements à ce sujet. Lesquels?
6. Le lycéen de 17 ans préfère ne pas penser à son avenir. Quelles sont ses inquiétudes?
7. Pour l'éducateur, qu'est-ce qui est le plus important?

T Exercice 7

L'Argent

«Mes parents ne voulaient pas que j'aie une moto. J'ai économisé, et je me la suis payée moi-même, sans rien leur demander.»

1. Avez-vous remarqué que les jeunes, à l'heure actuelle, ont davantage de besoins que leurs parents quand ils étaient jeunes?
2. Quels sont ces besoins?
3. Ont-ils davantage de possiblités de gagner de l'argent? Que font-ils pour cela?
4. Trouvez-vous bon qu'un jeune gagne son argent de poche?
5. Et vous, quand vous étiez adolescent, comment faisiez-vous?
6. Quel danger y a-t-il à donner trop d'argent de poche à un jeune? Et pas assez?

Les Vacances

«Cette année j'aimerais bien partir camper avec des copains et des copines, mais les parents ne voudront jamais!»

1. A votre avis, jusqu'à quel âge est-il préférable qu'un enfant passe ses vacances avec ses parents?
2. Est-il important, selon vous, que les enfants passent au moins une partie des vacances avec leurs parents? Pour quelles raisons?
3. Quand vous étiez adolescent, aviez-vous la possibilité de partir seul en vacances?

La Famille

«Ma mère, c'est ma meilleure copine; je peux tout lui dire.»

1. Le contraire de sévère est indulgent. Comment étaient vos parents?
   Avez-vous des souvenirs de leur sévérité/indulgence?
2. Y a-t-il des occasions où vos parents ont été fiers de vous? Lesquelles?
3. Vous souvenez-vous de disputes à la maison? Si oui, quel en était le sujet le plus fréquent?
4. Pouviez-vous «tout» dire à vos parents?

Sorties
«Si j'arrive à avoir la permission de minuit, je viendrai pour ton anniversaire.»

1. Avez-vous de grands enfants? Si oui, peuvent-ils sortir quand ils veulent?
2. Avez-vous menti à vos parents pour pouvoir sortir? Qu'est-ce que vous leur racontiez par exemple?
3. Avez-vous l'impression que parfois vos enfants vous mentent?
4. Vos enfants ont-ils plus d'imagination?

T Exercice 8

1. Un jeune homme, étudiant, veut aller habiter seul, dans une chambre d'étudiant. Il essaie de convaincre ses parents.
2. Créez un dialogue entre un père sévère et sa fille qui veut sortir un soir. C'est l'anniversaire d'une copine qui habite loin et qui donne une fête. La fille voudrait y aller et y passer la nuit. Le père finit par céder après avoir demandé mille renseignements.
3. Une jeune fille de 17 ans veut abandonner ses études, gagner sa vie elle-même, et vivre seule le plus tôt possible. Elle en parle à son père qui la met en garde: il a fait la même chose quand il était jeune et l'a toujours regretté.
4. Un adolescent veut passer son permis de conduire. Ses parents sont d'accord mais ils lui disent deux choses: qu'il devra se payer lui-même les leçons de conduite, et qu'il n'est pas question qu'il se serve ensuite de la voiture familiale.

Les adolescents singuliers

Les généralités sur les générations me gênent. Tous les quinze ans, on nous explique que la nouvelle génération est différente des générations précédentes. Mais ce ne sont pas les générations qui sont différentes: ce sont les individus eux-mêmes. Dans une génération, il y a quelques originaux et un immense troupeau. Ce sont les médiocres qui se ressemblent et qui s'assemblent. Un garçon ou une fille qui a plus d'intelligence et de cœur que les autres connaît nécessairement la solitude. Quand je fais parler un adolescent fin et sensible sur ses camarades de classe, je reçois toujours la même réponse: «Ils sont sans intérêt. Ils sont complètement débiles.»

Il existe des modes, mais elles n'ont qu'un tout petit intérêt. Les adolescents qui m'intéressent ne sont pas ceux qui suivent les modes mais ceux qui y échappent. De plus, les modes n'ont pas l'importance qu'on croit. L'uniformité des vêtements, des distractions, des mœurs, du langage n'est qu'apparente: sous la surface demeure la diversité des individus et des caractères. Cela est d'autant plus vrai que les modes de la jeunesse ne sont souvent que les inventions du mercantilisme adulte. Adolescents, la musique que nous avons aimée était celle des Platters; plus tard, les jeunes ont dansé sur celle des Beatles; aujourd'hui, ce sont de nouveaux groupes qu'on entend à la radio et dans les discothèques. Mais que ce soit dans les années 50, 60 ou 70, les jeunes Français n'ont fait que subir la loi du show-business.

Prenons la lecture par exemple: pourquoi ne pas laisser les jeunes lire ce qu'ils veulent? Récemment, une adolescente de Ière A dans un lycée parisien me parlait d'une remarque désagréable que lui avait faite un professeur de français: cette élève lisait un livre de Gide, auteur qui n'est pas au programme de la classe de Ière A. C'est à la fois risible et effrayant. Risible, car, grâce à Dieu, nombreux sont les adolescents qui se moquent des contraintes et de la mode. Effrayant car il serait grave de sous-estimer le pouvoir du dogmatisme associé au snobisme.

Beaucoup de jeunes, impressionnés par un article dogmatique sur la façon dont les jeunes de leur génération doivent penser et vivre, risquent de ne plus oser être eux-mêmes. Ils peuvent être tentés de vouloir ressembler à l'image qu'on leur offre.

Il faut apprendre aux adolescents à rire des discours préfabriqués sur la génération nouvelle. Il faut les aider à échapper au troupeau.

D'après Gabriel Matzneff, Le Monde, 17/VII/78.

Exercice 9

	vrai	faux
1. L'auteur pense que chaque génération est différente de la précédente.	☐	☐
2. Il pense que les jeunes gens originaux n'ont pas de très bons contacts avec leurs camarades de classe.	☐	☐
3. Aucun adolescent n'échappe à la mode.	☐	☐
4. Les modes que suivent les jeunes sont inventées par les adultes.	☐	☐
5. En matière de musique, ce sont les jeunes qui imposent leurs goûts au show-business.	☐	☐
6. L'adolescente de Ière A lisait Gide qui est un auteur interdit en France.	☐	☐
7. Pour se sentir bien, les jeunes doivent accepter les règles dogmatiques de leur temps.	☐	☐

Exercice 10

Le texte comprend un certain nombre de mots dont vous connaissez le ou les contraires. Pouvez-vous les trouver?

les adolescents	*différent*	*désagréable*	*dogmatique*
précédent	*sans intérêt*	*risible*	*se moquer de*

T Exercice 11

Les Modes

1. Citez quelques modes de votre jeunesse.
   - Y étiez-vous sensible?
   - Le regrettez-vous?
2. Aviez-vous des problèmes avec vos parents à ce sujet?
   Pouvez-vous citer des cas précis de conflit?
3. Vous avez sans doute observé les modes actuelles. Citez-en quelques-unes.
   - Voyez-vous des points communs avec celles de votre jeunesse?
     Qu'est-ce qui a changé principalement?
5. Est-ce que l'uniformité que crée la mode supprime la vraie «diversité des individus»?

La Consommation

1. Pouvez-vous décrire votre chambre quand vous étiez adolescent?
2. Essayez, à plusieurs, de décrire la chambre d'un jeune de maintenant.
   Que possède ou aimerait posséder un jeune d'aujourd'hui?
3. On dit que les jeunes d'aujourd'hui sont des «consommateurs».
   Pourquoi le sont-ils? Qu'est-ce qu'ils consomment?
4. Qui crée les besoins de consommation?
5. A l'époque de votre jeunesse, le problème était-il le même?

Dossier 11 Animaux, jardins, nature

Situation 1

Madame Latour Ça y est, Madame Michel, nous l'avons achetée, notre maison dans le Loiret.

Madame Michel Dites-donc, ça va vous changer de la ville.

Madame Latour Vous savez, après trente ans de Paris, de bruit, de métro où on est serré comme des sardines, nous n'avons qu'une envie: le calme.

Madame Michel Vous n'avez pas peur de vous y ennuyer?

Madame Latour Vous plaisantez! Mon mari ne rêve que de pêche. C'est pas tous les jours qu'il attrapera des saumons, mais ça l'occupera. Et puis, il y a le jardinage . . . Nous comptons bien faire nos légumes nous-mêmes.

Madame Michel Ah oui, c'est bien, un potager.

Madame Latour Mais je veux aussi des fleurs, un gazon, des poules, des lapins . . .

Madame Michel Vous aurez de quoi faire! Et c'est pour quand, le départ?

Madame Latour Oh, pas pour tout de suite. Mon mari n'est pas encore à la retraite. Mais d'ici là, nous aurons terminé les travaux; les arbustes que nous sommes en train de planter auront bien poussé. Tout sera prêt pour dans deux ans.

Exercice 1

Mettez les verbes entre parenthèses au temps voulu (futur – futur antérieur).

Monsieur Latour rêve . . . Il rêve de ce qu'il fera à la retraite:
«Aussitôt que j'*aurai pris* ma retraite, nous nous *installerons* dans notre maison du Loiret. Nous en (finir) avec les embouteillages et le bruit de Paris, et nous (profiter) du calme de la campagne. Quand nous (s'habituer) à notre nouvelle vie, nous ne (s'ennuyer) pas car nous (avoir) un tas de choses à faire. Les arbustes que nous avons plantés (pousser) et nous (se mettre) à faire le jardin.
Chaque année, au printemps, nous (planter) les légumes et les fleurs que nous (commander) sur catalogue. Dès que le beau temps (revenir), je (travailler) dans mon potager et ma femme (faire) pousser son gazon et ses fleurs. Quand nous (aménager) notre jardin, ma femme (pouvoir) s'occuper des poules et des lapins. Moi, j' (aller) pêcher dans les coins qu'on m' (indiquer). Je n' (attraper) peut-être pas grand-chose, une truite de temps en temps. Mais ça me (faire) passer le temps . . . Et je suis sûr que dès que nous (s'installer) là-bas, les enfants et les amis (venir) nous voir très souvent.»

Exercice 2

A partir des éléments suivants, essayez de trouver des dictons.

Exemple: jaloux comme un tigre

serré		un poisson
jaloux		un chien
rusé		des sardines
nager	comme	un tigre
têtu		un âne
doux		un agneau
fidèle		un renard

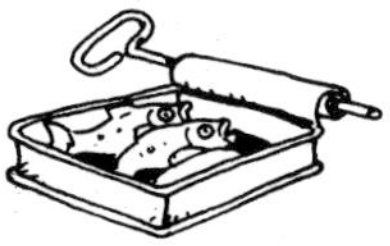

Situation 2

Léon participe à un concours de pêche.

Ah! il est / c'est chouette. Terrible. (C'est) admirable. (C'est) formidable. (C'est) magnifique. (C'est) merveilleux.	Ah! Oh! Ça alors! Que c'est . . . Qu'il est . . . Quel(le)(s) . . .	C'est moche. C'est affreux. C'est une honte. C'est scandaleux. C'est un scandale. C'est horrible.

Situation 3

Pourquoi le gibier disparaît en France

Nous étions 100 000 chasseurs en 1900, 150 000 en 1924, un million en 1933, deux millions maintenant. Pourquoi cette formidable progression?

D'abord parce que neuf fois sur dix, les fils de chasseurs le deviennent aussi eux-mêmes. Mais surtout parce que la chasse est le seul sport qui peut être pratiqué en France à tous les âges et par toutes les classes sociales. Le permis de chasse coûte moins d'une semaine de salaire d'un ouvrier, et un fusil ordinaire à peine plus. Malgré l'opposition violente de certains groupes politiques et écologiques, c'est un sport qui reste très populaire. Les Français y trouvent ce qu'ils cherchent: la solitude ou la compagnie, la détente et la nature.

Les cinquante millions d'hectares de la France ne suffisent plus et la chasse consomme beaucoup de gibier. Il faut refaire la population du gibier français. Pour avoir des fruits, il faut conserver l'arbre. Plus on le soigne, plus il produit.

Extrait de Paris-Match.

T Exercice 3

1. Est-ce que la chasse est aussi populaire en Allemagne?
2. Connaissez-vous personnellement des chasseurs? Pourquoi chassent-ils?
3. A votre avis, quel doit être le rôle d'un chasseur?
4. Est-ce que le gibier manque en Allemagne? Pourquoi/Pourquoi pas?
5. Comment peut-on expliquer la passion pour la chasse? (raisons psychologiques, historiques, sociales etc.)
6. Etes-vous pour ou contre la chasse? Pourquoi?
7. Deux millions de chasseurs = deux millions de tueurs?

Situation 4

Le dossier de la honte

Ils sont 200 000 chiens et chats que leurs maîtres abandonnent chaque été sur la route du soleil ou avant de partir en vacances. Il faut ajouter 200 000 autres victimes pour les fêtes de Pâques, de Noël, et la fermeture de la chasse. Ce dossier terrible est celui de la lâcheté, de la cruauté, et pire que tout, de l'indifférence.

Extrait de Paris-Match.

Une lectrice nous écrit

«J'ai dernièrement poursuivi avec succès M. M . . . C . . . habitant dans la Creuse et qui, aux vacances d'été 1979, avait abandonné son chien sur la voie publique. Heureusement, des témoins ont relevé le numéro de sa voiture. D'autre part, le jugement a été publié dans deux quotidiens régionaux.»

Madame Monnier,
présidente de la S.P.A. de Cournon

D'après 30 Millions d'Amis, avril 80.

Animaux-Assistance 1980

L'Opération «Animaux-Assistance» lancée l'an dernier par Royal- Canin et Europe I, en vue de créer une bourse d'échanges de garde de chats et de chiens, a permis aux propriétaires d'animaux de partir en vacances le cœur léger et a certainement réduit le nombre des abandons. Comme cette action a connu un grand succès, elle sera renouvelée pour 1980.

D'après 30 Millions d'Amis, avril 80.

T Exercice 4

1. Y a-t-il des bêtes abandonnées en Allemagne?
   Que fait la justice dans ce cas-là?
   Avez-vous déjà trouvé une bête abandonnée? Qu'avez-vous fait?
2. Vous voyez quelqu'un en train d'abandonner un animal. Vous essayez de le faire changer d'avis. Imaginez le dialogue.
3. Quelles solutions existent ou pourraient exister pour éviter les abandons d'animaux?

Nos animaux et nous

Exercice 5

	vrai	faux
1. Jean-Pierre et Bernadette sont en train d'interviewer des gens sur le comportement des animaux.	☐	☐
2. L'émission «Le Couple et l'Animal» n'a pas eu beaucoup de succès.	☐	☐
3. Très peu de couples ont un animal.	☐	☐
4. Un grand nombre de lettres disent que les chiens sont considérés comme des enfants.	☐	☐
5. Bernadette pense que l'animal est de moins en moins considéré comme un être humain.	☐	☐
6. Konrad Lorenz ne trouve pas qu'il existe une ressemblance entre les chiens et leurs maîtres.	☐	☐
7. Certains font à leur chien ce qu'ils n'osent pas faire ou dire à leur femme ou à leur mari.	☐	☐

T Exercice 6

1. Quand on parle de chiens ou d'animaux, on pense aussi aux chiens ou aux animaux utilitaires. Pourriez-vous en citer? Qu'en pensez-vous?
2. Quelle place ont les animaux dans le cirque? Trouvez-vous normal de faire «travailler» ainsi un animal? Pensez-vous que les animaux sont exploités ou respectés?
3. Croyez-vous qu'il est nécessaire que les zoos existent? Ont-ils un rôle éducatif? Comment les animaux y sont-ils traités? Ne seraient-ils pas mieux dans une réserve, dans leur propre milieu?
4. Pensez-vous qu'il est bon de donner des animaux aux enfants? Dans quel but les parents le font-ils?
5. Quels sont les avantages et les inconvénients d'avoir un animal chez soi, surtout en appartement?
6. Pensez-vous qu'il soit nécessaire de tondre les chiens, de leur couper les oreilles ou la queue? Pourquoi?
7. Croyez-vous que les animaux sont aussi heureux en compagnie de l'homme que celui-ci l'est en leur compagnie?
8. Connaissez-vous des gens qui ont peur des animaux, qui changent de trottoir quand ils voient un gros chien, par exemple?
9. Que pensez-vous du proverbe français qui dit «Qui aime les bêtes, aime les gens»? Etes-vous de cet avis? Pourquoi?

La fièvre verte

Depuis fin février, toutes les jardineries (ce sont des garden-centers, mais parlons français), les rayons de jardinage des grandes surfaces et les grainetiers de toute la France connaissent la grande animation de printemps. Les jardiniers amateurs ont consulté les catalogues de fleurs et passé commande par correspondance. Sur les autoroutes, aux sorties de Paris et des grandes villes, les voitures chargées de plantes et d'arbustes ficelés comme des momies sur le toit des voitures vont réveiller les jardins endormis. Sur les balcons, les terrasses, on commence à fleurir les caisses, on accroche les pots de fleurs.

Au premier souffle du printemps, près de 12 millions de ménages, le nez dans l'herbe, regardent sortir les premières fleurs, et outils en main, plantent, sèment, nettoient gazon et jardin pour préparer les beaux jours.

La France jardine.

Le phénomène n'est pas nouveau. Avant la guerre, il existait de grandes maisons bourgeoises, avec verger, potager, roseraie même, dont s'occupait le jardinier; et il y avait aussi les jardins ouvriers plantés essentiellement de légumes pour nourrir la famille.

Après la guerre, le développement économique a tout bouleversé: avec l'augmentation des salaires, le jardinier est devenu trop cher pour les maisons bourgeoises, et les ouvriers dont le niveau de vie s'était élevé, préféraient se promener en voiture et aller au cinéma, plutôt que de cultiver des carottes ou des choux qu'ils pouvaient facilement acheter.

Quelle est cette fièvre verte qui fait des Français des jardiniers, pas seulement du dimanche? Qu'est-ce qui les pousse depuis 1960 à dépenser chaque année des milliards en achetant mille choses, du plus modeste géranium jusqu'au motoculteur le plus moderne, en passant par les salades et les meubles de jardin?

Qu'est-ce que les Français cherchent dans le jardinage? Une illusion d'un retour à la terre, fuite devant le béton pour une partie d'entre eux? Mais quelle que soit leur motivation, 86 % des jardiniers amateurs considèrent qu'il s'agit d'une activité de loisir.

Loisir, souvent forcé, que les paysans du coin regardent d'un œil amusé. Mais aussi une leçon de sagesse et de bon sens. Dans le jardin, on retrouve le rythme naturel: quel que soit le progrès, il faut toujours et encore du temps pour faire pousser une fleur, des légumes, semer, arroser, planter...

Ce temps est celui des saisons. Il n'y a pas de secret. Le jardinage, sans être une philosophie, est une leçon de patience.

D'après Marie-France, avril 1980.

Exercice 7

1. Les Français se mettent à jardiner
   a) au début de l'année.
   b) fin avril.
   c) fin février.

2. Dès le début du printemps,
   a) beaucoup de Français rentrent de vacances.
   b) plus de 10 millions de familles commencent à jardiner.
   c) les Français rentrent leurs pots de fleurs.

3. Avant la guerre,
   a) le jardinage n'existait pas en France.
   b) les maisons bourgeoises avaient souvent un jardinier.
   c) aucun ouvrier ne possédait de jardin.

4. Après la guerre
   a) les salaires ont augmenté.
   b) il y avait beaucoup plus de jardiniers.
   c) le niveau de vie des gens est resté le même.

5. Depuis 1960
   a) le jardinage est à la mode.
   b) il y a un permis de jardinage en France.
   c) jardiner est le privilège des millionnaires.

6. Les paysans français
   a) aident les nouveaux jardiniers.
   b) s'amusent à voir les nouveaux jardiniers.
   c) sont furieux qu'il y ait des potagers privés.

7. Pour beaucoup de Français, le jardinage
   a) est un travail et non un loisir.
   b) permet de retrouver le rythme des saisons.
   c) est un loisir sans contraintes.

T Exercice 8

1. Quelle a été l'évolution des jardins en Allemagne depuis la guerre?
2. Avez-vous un jardin/un potager? Si non, aimeriez-vous en avoir un? Pourquoi?
3. Quel(s) avantage(s) voyez-vous à avoir un jardin? Y voyez-vous aussi des inconvénients?
4. Conseilleriez-vous à des jeunes de jardiner? Pourquoi?
5. Vous avez lu l'annonce suivante: «A vendre ancienne ferme dans le Midi». Vous êtes intéressé: rédigez une petite lettre pour avoir des renseignements.
6. Si vous pouviez choisir, quel serait votre passe-temps-nature?
7. Un grand nombre de métiers ont un rapport avec la nature: fleuriste, jardinier, paysan, grainetier, garde-forestier, pêcheur, marin, vétérinaire, employé de zoo. Lequel choisiriez-vous? Dites pourquoi.

T Exercice 9

E	G	A	N	I	D	R	A	J	Q	A
E	I	R	N	U	P	L	A	M	S	G
R	B	B	O	C	O	A	N	U	A	N
G	I	R	S	H	U	P	D	I	U	E
I	E	E	S	A	L	I	P	N	M	A
T	R	U	I	T	E	N	E	A	O	U
L	E	E	O	C	H	A	C	R	N	R
T	N	I	P	A	S	N	H	E	E	U
E	A	R	B	U	S	T	E	G	I	E
S	R	E	S	S	A	H	C	T	H	L
P	D	L	A	M	I	N	A	A	C	F
S	C	H	O	U	L	E	S	O	R	A

Dans la grille ci-contre, il y a 23 noms concernant les animaux, les plantes et les loisirs-nature. Ces mots sont écrits de gauche à droite, de droite à gauche, de haut en bas et de bas en haut et commencent toujours par une lettre bleue.

Les lettres que vous n'utiliserez pas, lues de gauche à droite et de haut en bas, vous donneront le début d'un proverbe français qui existe aussi en allemand.

Solution . . . . , les souris dansent.

Dossier 12 Vers une Europe unie

Situation 1

Les Allemands vus par les jeunes Français

1. «Quand j'entends ce mot «Allemagne» cela évoque pour moi un peuple avec un caractère fort et discipliné.» (Fille, 17 ans)

2. «Lorsqu'on me parle de l'Allemagne, je pense à la Bavière, la bière, aux Tyroliens.» (Fille, 16 ans)

3. «Aucun piéton ne traverse au feu rouge, personne ne prend un sens interdit. Je crois qu'ils sont faciles à manipuler.» (Fille, 16 ans)

4. «Les Allemands aiment beaucoup la propreté.» (Fille, 14 ans)

5. »Ils se lavent tous les matins.» (Garçon, 12 ans)

6. «Les Allemands ne sont pas différents des Français. Ce qu'Hitler a fait, Napoléon l'a fait aussi. Les guerres ont été entraînées par l'orgueil des Allemands comme les conquêtes sous Napoléon ont été entraînées par l'orgueil des Français. Je ne garde aucune rancune aux Allemands, bien que mon grand-père soit mort pendant la guerre de 39-45. Les Allemands d'aujourd'hui ne sont pas responsables des événements passés. On a bien essayé de faire oublier cette rancune en jumelant des villes françaises à des villes allemandes.» (Garcon, 16 ans)

7. «Ma tante s'est mariée avec un Allemand et c'est l'oncle que je préfère.» (Fille, 11 ans et demi)

8. «Je suis allée en Allemagne en août. Je n'avais rien contre les Allemands, mais cela ne me disait rien d'y aller. Et c'est là-bas que j'ai changé d'avis: j'ai découvert l'accueil chaleureux que l'on nous a fait à notre arrivée. Je n'ai pas été déçue. Maintenant je m'aperçois que ce sont les Français qui sont distants.» (Fille, 17 ans)

Extraits de Rapports et Documents, 1979/I: *Ce que je sais sur l'Allemagne, O.F.A.J.*

T Exercice 1

Point 1
Qu'évoque le mot France pour vous?

Point 2
Qu'est-ce qui est, pour vous, typique de la France et des Français?

Point 3
Etes-vous d'accord avec la conclusion du point 3?

Point 4
Etes-vous d'accord avec le point 4?

Point 5
Trouvez-vous amusante l'opinion du point 5?

Point 6
Avez-vous la même opinion sur Hitler et Napoléon? Faites-vous une différence entre ces deux hommes?
Avez-vous un parent mort pendant la guerre? Gardez-vous rancune aux Français? Pourquoi?
Pensez-vous que les jumelages aident à faire oublier la rancune?

L'art de vivre ou l'art d'être Français.

Point 7
Avez-vous un parent ou ami marié à un Français? Est-ce que cela crée ou a créé des problèmes? Lesquels?

Point 8
Est-ce que les voyages peuvent faire disparaître les préjugés?
Si vous êtes allé en France (ou dans un autre pays), aviez-vous des préjugés avant de partir et les avez-vous perdus?

Situation 2

Chaville et ses jumelages

Chaville, commune de la banlieue ouest de Paris, fait partie de la Fédération Mondiale de villes jumelées et du conseil des Communes d'Europe. 1959 a marqué son jumelage avec Barnet, ville d'Angleterre de la banlieue nord de Londres et 1974, le jumelage avec Alsfeld en Allemagne Fédérale, ville située à 80 kms au nord de Francfort. Les échanges ont lieu régulièrement chaque année entre Chaville d'une part, Alsfeld et Barnet d'autre part. Ils concernent non seulement des enfants d'âge scolaire, mais aussi des sportifs (matchs de football et rencontres dans diverses disciplines), des artistes (expositions de peintures et sculptures), des musiciens (récitals de choristes) et des groupes folkloriques.

«Les jumelages sont un des moyens pour les peuples de se connaître et de s'apprécier. Ceux qui ont l'expérience des jumelages savent qu'il naît toujours, au cours de ces rencontres, des amitiés durables.»

T Exercice 2

1. Est-ce que votre ville est jumelée avec une autre ville d'Europe?
2. Savez-vous ce qui se passe au titre du jumelage? Projets? Réalisations?
3. Avez-vous déjà participé à une manifestation de jumelage?
4. Quelle a été votre activité?
5. Avec quelle ville de France, d'Italie et de Grande-Bretagne aimeriez-vous être jumelé? Pourquoi?
6. A votre avis, quel est le but réel des jumelages?

Situation 3

La Communauté Economique Européenne

C'est en 1957 que les Six de l'Europe occidentale – France, Allemagne Fédérale, Italie, Belgique, Pays-Bas et Luxembourg – constituent la Communauté économique européenne ou Marché commun. En 1972, elle s'élargit à neuf membres par l'adhésion du Royaume-Uni, de l'Irlande et du Danemark. En 1981, la Grèce entre dans la Communauté. Aujourd'hui on prépare l'entrée du Portugal et de l'Espagne.

Composition du Parlement européen

Partis	
Communistes:	44
Socialistes:	111
Libéraux:	42
Chrétiens-Démocrates:	105
Démocrates de progrès:	21
Conservateurs:	63
Divers:	24

Rôle du Parlement européen

Le Parlement a pour mission de contrôler et de conseiller, au nom des citoyens de la Communauté, la Commission européenne et le Conseil des ministres des Neuf.

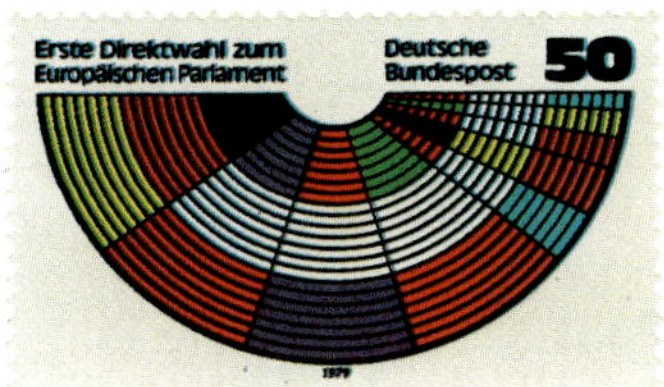

T Exercice 3

1. Vous êtes-vous senti concerné par les élections européennes? Avez-vous voté?
2. Croyez-vous que l'Europe a ses chances? Quels espoirs représente l'Europe pour vous?
3. Est-ce que l'Europe peut devenir la troisième puissance mondiale?
4. Avez-vous remarqué des changements depuis le début de l'Europe des Six? (25 mars 1957)
5. Est-ce que les institutions européennes ne risquent pas de devenir une bureaucratie supplémentaire?
6. Avez-vous l'impression que les pays membres défendent parfois en priorité leurs intérêts nationaux? Citez des exemples.

Situation 4

ROBERT SCHUMAN

Né le 29 juin 1886 à Luxembourg. Député de la Moselle de 1919 à 1940. Arrêté par la Gestapo en 1940. S'évade en 1942. Député de la Moselle en 1945. Président du Conseil le 24 novembre 1947. Ministre des Affaires étrangères de septembre 1949 à décembre 1952. Ministre de la Justice de 1955 à 1956. Président de l'Assemblée Parlementaire de Strasbourg de 1958 à 1960. Meurt le 4 septembre 1963 à l'âge de 77 ans.

La première chose qui frappe chez Robert Schuman, c'est son appartenance à deux cultures: l'allemande et la française. Né d'un père lorrain, il fait ses études à Metz, Berlin, Munich, Bonn et Strasbourg. Il apparaît vraiment comme européen lorsqu'il occupe le poste de Ministre des Affaires étrangères. C'est en cette qualité qu'il fait, au nom du gouvernement, la déclaration du 9 mai 1950 qui est à l'origine du plan Schuman et de la Communauté européenne. Ses deux idées sont l'organisation politique de l'Europe selon l'axe Paris–Bonn, et la mise en commun des ressources de l'Allemagne et de la France par la création de la CECA. Finalement, si le Marché Commun existe, si la réconciliation franco-allemande est une réalité, c'est en grande partie à Robert Schuman qu'on le doit. Son nom est devenu le symbole de l'Europe unie.

ALCIDE DE GASPERI

Autrichien à sa naissance, le 3 avril 1881, à Sardagna dans le Trentin, Alcide De Gasperi fit ses études supérieures à l'université de Vienne. Jeune docteur ès lettres il devint, en 1905, directeur d'un journal catholique de Trente. La presse le mena à la politique, et en 1911, il fut élu député au parlement autrichien. Après le rattachement du Trentin à l'Italie en 1919, il devint député au parlement italien en 1921. Poursuivi par les fascistes qui l'arrêtèrent même en 1926, il trouva refuge au Vatican où Pie XI lui donna un emploi de bibliothécaire. Membre du Comité de Libération Nationale, il prend le pouvoir en 1945. Il ne le quittera qu'en 1953 mais restera secrétaire du parti démocrate-chrétien italien jusqu'en 1954. Il meurt le 19 août 1954, jour de l'ouverture de la Conférence de Bruxelles.

JEAN MONNET

Jean Monnet naquit en 1888. Cet homme d'affaires autodidacte commença par diriger une entreprise de Cognac. Avant la Première Guerre mondiale, il part aux Etats-Unis et y devient banquier. C'est en 1919 qu'il commence à avoir d'importantes responsabilités: il est nommé Secrétaire Général Adjoint à la Société des Nations, poste qu'il occupa jusqu'en 1923. En 1940, il est à Londres, fonctionnaire de Sa Majesté Britannique. Il se rend ensuite aux Etats-Unis, puis à Alger où, en 1943, il devient membre du Comité de Libération Nationale d'Alger. A la fin de la guerre, De Gaulle lui donne pour mission de réorganiser et moderniser l'économie française. C'est Jean Monnet qui, en 1950, fit accepter à Robert Schuman l'idée d'un pool charbon-acier. De 1952 à 1955, il préside la Haute Autorité (administration de la Communauté Européenne du Charbon et de l'Acier). Pour cet homme qui s'est toujours fait l'avocat de l'adhésion de la Grande-Bretagne au Marché Commun, le grand moment de sa vie fut 1972, date de l'élargissement de l'Europe des Six. Il mourut le 16 mars 1979, à l'âge de 91 ans.

KONRAD ADENAUER

Le plus vieux des quatre pères de l'Europe, Konrad Adenauer, naquit le 5 janvier 1876 à Cologne. Juriste de formation, il devint maire de Cologne à l'âge de 41 ans où il résista au nazisme. C'est ainsi qu'il fut emprisonné deux fois pendant le IIIe Reich. En 1945, à la demande des autorités militaires américaines, il revient à la mairie de Cologne. Il a 69 ans. En 1949, il devient Chancelier de la République Fédérale. Pour cet homme qui reste le symbole de la reconstruction de son pays, l'idée européenne était liée au rapprochement franco- allemand. C'est ainsi que les deux grandes dates de sa vie furent 1957 (signature du Traité de Rome) et 1963 (signature du Traité d'Amitié Franco-Allemande avec le Général De Gaulle). Agé de 87 ans, il quitte la Chancellerie en 1963, puis la présidence de son parti en 1966. C'est en 1967, âgé comme J. Monnet de 91 ans, que mourut ce grand Européen.

Exercice 4

Prenez une feuille et notez les informations importantes données sur chacun des quatre hommes politiques (date et lieu de naissance, études, fonctions, grands moments de la vie). Vous pouvez faire une grille pour vous aider.

L'Allemagne dans l' Europe vue par un homme politique

Exercice 5

	vrai	faux
1. Gaston Defferre est le maire de Marseille.	☐	☐
2. A son avis, depuis la fin de la guerre, les pays d'Europe ne sont plus dans un état d'infériorité par rapport aux deux super-grands.	☐	☐
3. M. Defferre pense qu'avant la guerre, l'Europe avait un tout petit rôle sur le plan économique.	☐	☐
4. Il dit que l'Europe ne pourra jamais retrouver son importance économique d'avant la guerre.	☐	☐
5. D'après Gaston Defferre, pour les Français de 1980, l'Allemagne n'est plus du tout une puissance militaire.	☐	☐
6. Il croit que le miracle économique est une chose passée.	☐	☐
7. Il est d'avis que beaucoup de Français connaissent Thomas Mann et Goethe.	☐	☐
8. D'après G. Defferre, la France doit rester un pays centralisé.	☐	☐
9. Pour lui, l'Allemagne est en tête des pays européens sur le plan économique.	☐	☐

T Exercice 6

Selon G. Defferre, le rôle essentiel que l'Allemagne et la France ont à jouer, c'est de s'entendre pour maintenir la paix. Qu'en pensez-vous? Que pouvez-vous faire personnellement pour contribuer à cette entente? Et votre commune?

1939

1944

1973

Nationalisme et Regionalisme

C'est au nom de l'idée de nation que les pays européens se sont longtemps déchirés. Dans ce sens, la tentation régionaliste était le commencement de la trahison. Mais les choses ont changé, les nécessités anciennes ne sont plus les mêmes, et aujourd'hui on observe dans toute l'Europe un vaste mouvement régionaliste.

Lorsque les Alliés ont décidé de faire de l'Allemagne moribonde un Etat fédéral, personne ne croyait à sa survie. Hitler avait brutalement centralisé, supprimé tous les particularismes régionaux. Les Etats de 1948, les länder, ont été dessinés, sauf la Bavière, sans tenir compte des régions historiques ou naturelles de l'Allemagne. Et pourtant cette architecture tient bon, même si le système des länder permet à tel land d'avoir un gouvernement social-démocrate et à tel autre un gouvernement chrétien-démocrate.

Partout en Europe les pays fédéralistes sont heureux de leurs institutions. Quant aux autres pays, ils trouvent leurs institutions centralistes de plus en plus pesantes. La Suisse vit harmonieusement dans la mosaïque de ses 22 cantons, avec ses quatre langues et plusieurs douzaines d'états d'esprit. La Belgique pense de plus en plus que la solution à ses problèmes linguistiques et économiques se trouve dans une réorganisation de type fédéral.

Dans certains cas, les régions chevauchent les frontières. Il existe entre la Hollande et l'Allemagne une zone qui fera de Düsseldorf et de Rotterdam une ville unique comprenant aéroports et forêts, associant ports maritimes et ports fluviaux, harmonisant zones industrielles et quartiers résidentiels. La même chose pourrait se produire entre la Sarre et la Lorraine, le pays de Bade et l'Alsace, le Pays Basque français et le Pays Basque espagnol, la Riviera italienne et la Côte d'Azur française. Les frontières, ces affreuses cicatrices des guerres qui ont déchiré l'Europe, commencent à être recouvertes par un tissu de vie. C'est le miracle de notre temps.

Extrait de Paris-Match, 1973.

Exercice 7

1. Les dernières guerres entre Etats européens ont eu lieu à cause
   a) du régionalisme.
   b) du nationalisme.
   c) de la trahison nationaliste.
2. Personne ne croyait aux chances de survie de l'Etat fédéral car
   a) l'Allemagne était très centralisée.
   b) les länder avaient été dessinés artificiellement.
   c) il n'y avait plus de particularismes régionaux.
3. Pour trouver une solution à ses problèmes,
   a) la Belgique est tentée par le centralisme.
   b) la Belgique pense à une organisation fédérale.
   c) la Belgique doit réorganiser son économie.
4. Il existe des régions naturelles coupées par une frontière. Le texte suggère
   a) d'y maintenir les particularismes nationaux.
   b) d'en faire une seule région.
   c) de supprimer toutes les frontières.
5. Le miracle de notre temps, c'est
   a) le recul du régionalisme.
   b) la disparition possible de certaines frontières.
   c) le maintien des frontières traditionnelles.

T Exercice 8

1. Pourquoi la tentation régionaliste pouvait-elle être considérée comme une «trahison»? Qu'est-ce qu'elle trahissait?
2. Est-ce que la situation a changé?
   Fait-on toujours des guerres au nom de l'idée de nation? Si oui, pouvez-vous donner des exemples?
3. Comment s'est constituée l'Allemagne fédérale? Qui a dessiné les länder?
   Etes-vous d'accord avec le contenu du texte?
4. Pour quelle raison est-ce que personne ne croyait à la survie de l'Allemagne fédérale?
5. Que veut dire le mot «architecture» dans ce texte? Est-ce qu'on peut s'étonner de la solidité de cette architecture?
6. Pouvez-vous citer des pays fédéralistes en Europe? Et des pays aux institutions centralistes?
7. Connaissez-vous en Europe d'autres exemples de régions qui chevauchent les frontières?
   D'après vous, quelle est la position de l'auteur?
8. Comment l'auteur pense-t-il que l'Europe se fera plus facilement?
9. Si, dans des pays comme la France, l'Espagne, l'Italie, l'Allemagne, vous comparez les gens du nord et les gens du sud, trouvez-vous qu'ils ont beaucoup de points communs?

L'Europe des Neuf

Communauté européenne du charbon et de l'acier: créée en 1951 par le traité de Paris, la C.E.C.A. regroupait les six pays d'origine: Belgique, Pays-Bas, Luxembourg, Italie, France et Allemagne. Elle avait pour but de réaliser un Marché commun du charbon et de l'acier. En 1967, les institutions de la C.E.C.A. ont fusionné avec celles de la C.E.E. et d'Euratom, mais le traité de Paris est toujours en vigueur.

E.C.U.: «European Currency Unit». C'est la monnaie européenne. Unité de compte sans réalité physique, elle est définie par une «moyenne» des monnaies des Neuf et sa valeur varie donc en fonction des fluctuations de ces monnaies.

Le fonctionnement de la Communauté économique européenne (Marché commun)

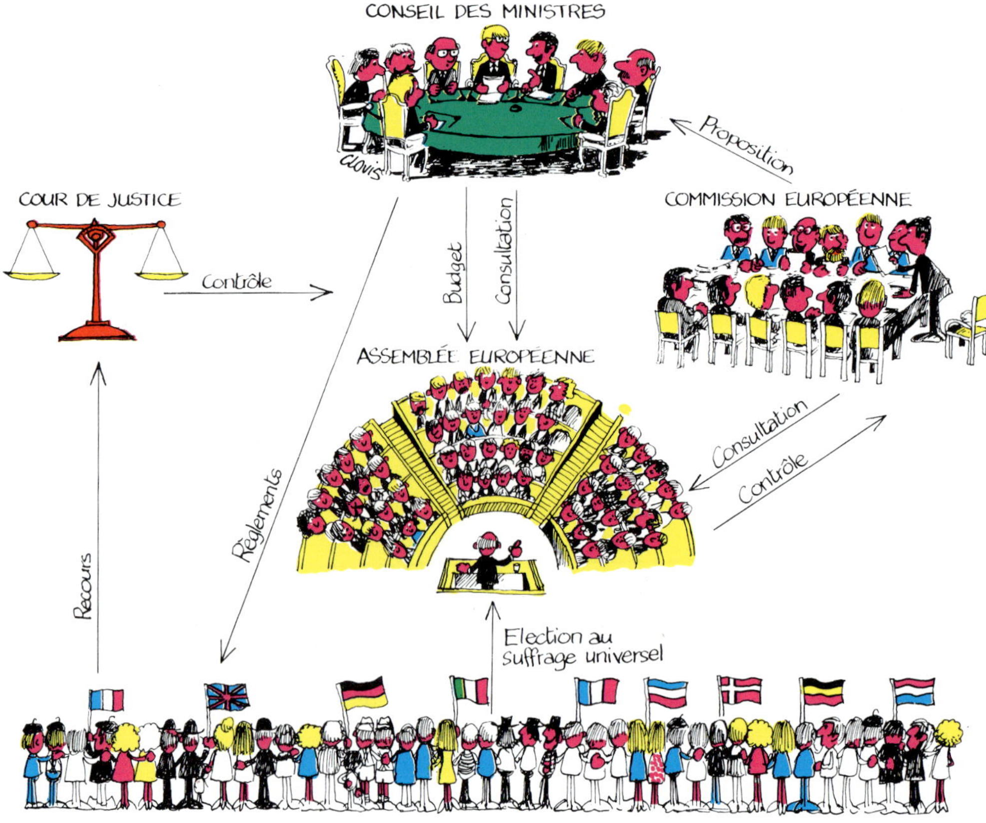

L'Europe en quelques dates . . .

1950-1957
Six pays commencent à «faire l'Europe»: Allemagne, Belgique, France, Italie, Luxembourg, Pays-Bas.

18 avril 1951
Le traité instituant la Communauté européenne du charbon et de l'acier, la C.E.C.A., est signé par les Six. La Grande-Bretagne refuse d'y participer.

25 mars 1957
Signature du Traité de Rome.

1962
La Communauté adopte les principes de base d'une politique commune dans le domaine agricole.

1963
Véto français à la premiére demande d'adhésion de la Grande-Bretagne.

1967
Seconde candidature britannique. Deuxième véto français.

1968
Les droits de douane sont éliminés.

1972
La Communauté s'élargit:
- La Grande-Bretagne, l'Irlande, le Danemark signent et ratifient le traité d'adhésion.
- La Norvège signe mais ne ratifie pas.

1975
La Grèce demande à entrer dans la Communauté.

1977
L'Espagne et le Portugal posent leur candidature.

1978
Création de l'Ecu et du système monétaire européen.

10 juin 1979
En application du Traité de Rome et pour la première fois, 180 millions de citoyens élisent directement leurs représentants à l'Assemblée des Communautés européennes.

1er janvier 1981
La Grèce entre dans la Communauté.

Grammatik

Dossier 1

1 Der Gebrauch von «passé composé» und «imparfait»

Wie das Deutsche häufig keine klare Trennung zwischen dem Gebrauch des Perfekts und dem des Präteritums kennt (vgl. Wo bist du gewesen? – Ich war in der Stadt), so gibt es auch im Französischen keine allgemein gültige Regel, die es erlaubt, *passé composé* und *imparfait* zu unterscheiden. Ohne Berücksichtigung von Situation und Kontext kann man lediglich folgendes sagen: beide Zeitformen stellen Handlungen als vergangen dar, wobei durch das *imparfait* eine logische oder zeitliche Beziehung zu anderen Handlungen hergestellt wird. Aus diesem Grund kann ein *imparfait* oft durch ein *passé composé* ersetzt werden, aber ein *passé composé* nur sehr selten durch ein *imparfait.*

1. Das «passé composé»

Qu'est-ce que vous avez fait hier?	– Je suis resté	à l'hôtel.
Et toi, qu'est-ce que tu as fait?	– Je suis allé	à la plage,
	j'ai fait	de la voile,
	je me suis baigné	. . . et
	j'ai pris	un coup de soleil.

Das *passé composé* stellt eine oder mehrere Handlungen lediglich als vergangen dar.

2. Das «imparfait»

Nach Ausdrücken, die einen Zeitraum in der Vergangenheit bezeichnen, wie *avant, autrefois, hier, il y a . . . , l'année dernière* etc. steht meist das *imparfait,* wenn eine logische Beziehung entweder zur Gegenwart, zur Vergangenheit oder zur Zukunft besteht.

			maintenant,	on fait	
Avant	on allait	à l'hôtel, mais	cette année,	on a fait	du camping.
			l'année prochaine,	on va faire	

3. «Passé composé» und «imparfait» in Satzgefügen

In Satzgefügen und logisch verbundenen Einzelsätzen drückt das *imparfait* die Gleichzeitigkeit zu den benachbarten Handlungen aus, es verbindet Einzelsätze zu einem Text.

Une dame,	qui montait sa tente à côté,	m'a prêté une lampe électrique.
Comme	il faisait beau,	on est souvent allé à la plage.
	Il pleuvait,	alors je suis resté chez moi.

Wird die Gleichzeitigkeit von Handlungen durch eine Zeitangabe *(toute la journée, tous les jours, toujours, ne . . . jamais, quand, souvent* etc.) oder den sachlichen Zusammenhang ausgedrückt, dann kann das *imparfait* durch das *passé composé* ersetzt werden.

Comme	il a fait beau	tous les jours,	on est souvent allé à la plage.
	Il a plu	toute la journée,	alors je suis resté chez moi.

Beachten Sie: Die folgenden Verben stehen trotzdem in der Regel im *imparfait:* *avoir, connaître, devoir, être, falloir, pouvoir, savoir* und *vouloir.*

2 Die Verlaufsform – «être en train de»

Laisse moi,	je suis	en train de	lire.
Qu'est-ce que	tu es		faire?
Chut,	il est		se reposer.
Fais vite,	nous sommes		faire les valises.
Monsieur,	vous êtes		faire une erreur.
Un instant,	ils sont		se décider.

Die Verlaufsform der Gegenwart wird aus dem Präsens von *être,* dem Ausdruck *en train de* und dem Infinitiv des Verbs gebildet. Sie drückt aus, daß eine Handlung gerade geschieht.

Die Verlaufsform der Vergangenheit wird entsprechend mit dem *imparfait* von *être* gebildet, sie drückt wie das *imparfait* (vgl. 1 3.) die Gleichzeitigkeit zu anderen Handlungen aus:

J'*étais en train de* monter la tente, quand il s'est mis à pleuvoir.

3 Durch «et» verbundene Nebensätze

Moi, je vais sur la Côte d'Azur,				
parce qu'	il y fait beau	et que	j'aime la foule.	
Comme	il pleuvait	et qu'	il faisait froid,	on est resté à l'hôtel.
Quand	on a de l'argent	et qu'	on aime le dépenser,	on va à St. Tropez.

In durch *et* verbundenen Nebensätzen wird die Konjunktion nicht wiederholt, sondern durch *que* ersetzt. In der gesprochenen Sprache kann die Konjunktion wiederholt werden.

4 Das Relativpronomen «où»

L'Auvergne est	une région où	on peut passer des vacances pas trop chères.
Août, c'est	le mois où	il y a le plus de touristes sur la Côte.

Où leitet Relativsätze ein, die Orts- oder Zeitangaben näher bestimmen.

Dossier 2

1 Die Formen des «subjonctif présent»

1. Die regelmäßige Bildung

Indikativ Präsens mit **einem** Pluralstamm	**subjonctif présent**		Indikativ Präsens mit **zwei** Pluralstämmen
	il faut que		
	je finisse	je vienne	
	tu finisses	tu viennes	
	il finisse	il vienne	
nous finissons	nous finiss**ions**	nous ven**ions**	nous **ven**ons
	vous finiss**iez**	vous ven**iez**	
ils **finiss**ent	ils finiss**ent**	ils vienn**ent**	ils **vienn**ent

2. Sonderformen

	aller	faire	pouvoir	savoir	vouloir
que	j' **aille** nous **all**ions	je **fasse** nous fassions	je **puisse** nous puissions	je **sache** nous sachions	je **veuille** nous **voul**ions

3. «être»

que je **sois**	que nous **soyons**
que tu **sois**	que vous **soyez**
qu' il **soit**	qu' ils **soient**

4. «avoir»

que j' **aie**	que nous **ayons**
que tu **aies**	que vous **ayez**
qu' il **ait**	qu' ils **aient**

2 Der Gebrauch des «subjonctif présent»

– Jacques n'**aime** pas	que tu	sois	toujours chez eux.
– Et Marie-France **veut**	que je	fasse	des choses pour elle,
elle **est contente**	que je	vienne	si souvent.
– Ce n'**est** pas **normal**	que tu	prennes	toujours les enfants.
– Si, je l'aide **pour**	**qu'** elle	puisse	sortir un peu.
Il faut d'ailleurs	que j'	aille	la voir.
– **Dommage**	que tu ne	sois	pas de mon avis.

Der *subjonctif* steht immer nach bestimmten Konjunktionen wie *avant que* und *pour que* sowie in *que* (= daß)-Sätzen, wenn im zugehörigen Hauptsatz ein *subjonctif*-Auslöser steht.

Beachten Sie: Der deutsche Konjunktiv (hätte, könnte, sei) ist auf keinen Fall mit dem *subjonctif présent* gleichzusetzen.

3 «Subjonctif»-Auslöser

1. Verben

j'accepte que	j'attends que	il faut que	je souhaite que
j'aime (mieux) que	je comprends que	je permets que	je veux que
j'aimerais (mieux) que	je désire que	je regrette que	je voudrais que

Beachten Sie: Nach *j'espère que* und *je dis que* steht der Indikativ.
Nach *je comprends que* kann auch der Indikativ stehen.

2. Adjektive

je suis content que	c'est important que	c'est normal que
c'est drôle que	c'est impossible que	c'est possible que
c'est faux que	c'est intéressant que	c'est rare que
c'est formidable que	c'est mauvais que	je suis triste que
je suis heureux que	c'est mieux que	c'est utile que

Statt *c'est* + Adjektiv wird, insbesondere in der geschriebenen Sprache, auch *il est* + Adjektiv verwendet.

Beachten Sie: Nach *je suis/c'est certain que, c'est clair que, je suis/c'est sûr que* und *c'est vrai que* steht der Indikativ.

3. Nomen

c'est une chance que	c'est une bonne idée que	c'est un problème que
j'ai de la chance que	quelle bonne idée que	il est temps que
quelle chance que	ce n'est pas la peine que	
(c'est) dommage que	j'ai peur que	

4. Schwankender Gebrauch

Nach folgenden Ausdrücken steht in der geschriebenen Sprache meist der *subjonctif;* in gesprochener Sprache wird neben dem *subjonctif* auch der Indikativ verwendet.

je ne crois pas que	je ne suis pas certain que	je ne suis pas sûr que
je ne pense pas que	ce n'est pas certain que	ce n'est pas sûr que

Beachten Sie: Der Gebrauch ist nur schwankend, wenn die Auslöser verneint sind. Nach bejahtem *je crois que* und *je pense que* steht immer der Indikativ.

5. «Avant que» und «pour que»

Occupe-toi de ta chambre	avant qu'	il soit trop tard.
Je vis dans une communauté	pour que	la vie soit plus gaie.
Occupe-toi de ta chambre	avant de	partir.
Je vis dans une communauté	pour	être heureux.

Haben Haupt- und Nebensatz dasselbe Subjekt, dann müssen *pour* und *avant de*+Infinitiv statt des Nebensatzes verwendet werden.

Dossier 3

1 Die Formen des «futur simple»

Alle Verben enden im *futur simple* auf *-rai, -ras, -ra, -rons, -rez* und *-ront.*
Das *futur simple* wird mit demselben Verbstamm wie das *conditionnel* gebildet.

Verben auf *-er*	**futur simple**		andere Verben
aus der 1. Person Singular Präsens	j' achète**rai**	je mett**rai**	aus dem Infinitivstamm
	tu achète**ras**	tu mett**ras**	
	il achète**ra**	il mett**ra**	
	nous achète**rons**	nous mett**rons**	
	vous achète**rez**	vous mett**rez**	
j'**achète**	ils achète**ront**	ils mett**ront**	**mett**re

Beachten Sie folgende Sonderformen:

aller	tu **ir**as	être	tu **se**ras	retenir	tu **retiendr**as
avoir	tu **aur**as	faire	tu **fe**ras	savoir	tu **saur**as
devenir	tu **deviendr**as	pleuvoir	il **pleuv**ra	venir	tu **viendr**as
devoir	tu **dev**ras	pouvoir	tu **pour**ras	voir	tu **ver**ras
envoyer	tu **enver**ras	recevoir	tu **recev**ras	vouloir	tu **voud**ras

2 Der Gebrauch des «futur simple»

	– Anne se marie	le mois prochain.
– Ah bon! Et	tu vas y aller?	
– Oui! Et	tu viendras	avec moi.

Eine zukünftige Handlung kann durch das Präsens, das *futur composé* oder das *futur simple* ausgedrückt werden.

Das Präsens kann aber nur verwendet werden, wenn die Zukunft durch eine Zeitangabe *(le mois prochain)* bestimmt wird.

Das *futur composé* und das *futur simple* sind häufig austauschbar. In der geschriebenen Sprache überwiegt das *futur simple,* in der gesprochenen Sprache das *futur composé.*
In folgenden Fällen sind die beiden Futurformen nicht austauschbar:

	Le maire	va parler	tout de suite.
Et maintenant,	nous	allons écouter	les résultats.
Attendez un peu,	le feu d'artifice	va commencer.	

Das *futur composé* muß stehen, wenn die zukünftige Handlung unmittelbar bevorsteht, insbesondere bei Zeitangaben wie *tout de suite* und *maintenant.*

Le 14 juillet,	il y	aura	toujours des bagarres.
Quand	les enfants	seront	au lit, le bal commencera.
	Tu ne	devineras jamais	qui a gagné la course en sac.

Das *futur simple* muß stehen, wenn die zukünftige Handlung von der Gegenwart losgelöst ist, insbesondere bei Zeitangaben wie *toujours, jamais* und *quand*-Sätzen.

3 Das «futur simple» als Aufforderungsform

Sowohl mit dem *futur composé* als auch mit dem *futur simple* kann eine mehr oder weniger verbindliche Aufforderung ausgedrückt werden. Der Aufforderungscharakter ist beim *futur simple* stärker ausgeprägt als beim *futur composé.*

Commande	des fleurs chez la fleuriste.	Befehl
Tu commanderas		nachdrückliche Aufforderung
Tu vas commander		Aufforderung
Tu pourrais commander		abgeschwächte Aufforderung

4 Die Frage durch Nachstellung des Subjekts (Inversionsfrage)

Neben der *est-ce que-* und Intonationsfrage gibt es im Französischen auch die Inversionsfrage (Umstellung von Subjekt und Prädikat). Sie findet vor allem in der geschriebenen Sprache Verwendung.

Comment	passez-vous	Noël?	Avez-vous reçu	l'invitation?
Que	ferez-vous	le jour de l'an?	Pouvez-vous réserver	une table?

Dossier 4

1 Das «gérondif» – Form und Gebrauch

Das *gérondif* ist eine unveränderliche Verbform, die an Stelle eines Nebensatzes verwendet werden kann, wenn Haupt- und Nebensatz dasselbe Subjekt haben.

En lisant Si **tu** lis	les petites annonces tous les matins, **tu** trouveras peut-être du travail.

Das *gérondif* wird aus der ersten Person Plural Präsens abgeleitet:

nous **mange**ons	nous **choisiss**ons	nous **lis**ons	nous **buv**ons
en mange**ant**	**en** choisiss**ant**	**en** lis**ant**	**en** buv**ant**

Sonderformen:
avoir – **en ayant**
être – **en étant**
savoir – **en sachant**

Das *gérondif* kann für Nebensätze verschiedenster Art stehen. Die Funktion ergibt sich aus dem Zusammenhang.

Je ne fume pas	en travaillant.	beim ...
Il s'est cassé la jambe	en tombant de l'échelle.	weil
Tu ne trouveras jamais du travail	en restant au lit.	wenn
Comment on peut gagner plus	en travaillant moins.	indem
J'ai eu mon accident	en allant au bureau.	als
En restant au lit,	tu ne trouveras jamais du travail.	wenn
En travaillant la nuit,	on peut gagner beaucoup plus.	indem
En allant au bureau ce matin,	j'ai eu un accident.	als

Beachten Sie: Der deutschen Konstruktion „beim + Infinitiv" (beim Arbeiten) entspricht im Französischen meist ein *gérondif.*

2 Die Zeitenfolge in Objektsätzen

Unter Zeitenfolge versteht man das Zeitverhältnis der Handlung eines Hauptsatzes und der eines zugehörigen Nebensatzes. Die beiden Handlungen können **gleichzeitig** verlaufen, oder die Handlung des Nebensatzes findet **eher** oder **später** als die des Hauptsatzes statt.

1. Das Verb des Hauptsatzes steht im Präsens, im *futur composé* oder im *futur simple.*

Je crois	que	c'était une erreur.	eher
Papa va penser	que	ça a très bien marché.	eher
On verra bien	que/si	tu ne travailles pas assez.	gleichzeitig
Je ne sais pas	si	je vais rester chômeur.	später
On va voir	si	tu resteras à l'étranger.	später

Steht das Verb des Hauptsatzes im Präsens, *futur composé* oder *futur simple,* dann steht im Nebensatz:
- das *passé composé* oder das *imparfait,* wenn dessen Handlung eher stattfindet.
- das *futur simple* oder das *futur composé,* wenn sie später stattfindet.
- das Präsens, wenn beide Handlungen gleichzeitig ablaufen.

2. Das Verb des Hauptsatzes steht im *passé composé* oder im *imparfait.*

Je croyais	qu'	elle était venue		eher
Je ne savais plus	qu'/si	elle venait	au meeting.	gleichzeitig
J'ai oublié	qu'	elle viendrait		später

Steht das Verb des Hauptsatzes im *passé composé* oder im *imparfait,* dann steht im Nebensatz:
- das *plus-que-parfait* (vgl. Dossier 8), wenn dessen Handlung eher stattfindet.
- das *conditionnel,* wenn sie später stattfindet.
- das *imparfait,* wenn beide Handlungen gleichzeitig ablaufen.

3 Das «futur» im Bedingungssatz

Hält der Sprecher eine Bedingung für erfüllbar, dann steht im *si*-Satz das Präsens oder das *passé composé* und im zugehörigen Hauptsatz die vom Sinn verlangte Zeitform, oft das *futur simple* bzw. das *futur composé.*

Si on m'offre un emploi à l'étranger,	j'accepterai sans hésiter.
S'il a vraiment dit ça au patron,	il va certainement avoir des ennuis.

Dossier 5

1 Zwei Objektpronomen

1. Im Aussage- oder Fragesatz

Es können bis zu zwei Objektpronomen vor dem zugehörigen Verb stehen. Wie im Deutschen ist ihre Reihenfolge genau festgelegt und ihre Kombinierbarkeit beschränkt.

Vous prenez Tabastop?	– Oui, le docteur	me l'	a conseillé.	me te se nous vous	vor le la les en y
Et c'est efficace?	– Essayez, je peux	vous en	donner.		
Et c'est bon??	– Enfin, il faut	s' y	habituer.		
André s'intéresse à la 4 L?	– Oui, je vais	la lui	vendre.	le la les	vor lui leur y en
Sa femme est au courant?	– Non, mais il	le lui	dira.		
Et les pneus d'hiver tout neufs?	– Ben, on peut	les leur	laisser.		
Le patron a lu mon texte?	– Oui, je	lui en	ai fait une copie.	lui leur	vor en
Et les autres sont d'accord?	– . . . je	leur en	parlerai, on verra.		

Beachten Sie: Anders als im Deutschen (mich dir, dich Ihnen etc.) ist im Französischen die Kombination von *me, te, se, nous, vous, lui* und *leur* untereinander unmöglich.
Mon père voudrait te connaître. *Je te* présenterai *à lui* demain.

2. Beim Imperativ

Es besteht kein Unterschied im Gebrauch der Objektpronomen beim verneinten Imperativ und im Aussage- oder Fragesatz. Beachten Sie aber die Vertauschung der Objektpronomen in den folgenden Fällen des bejahten Imperativs:

Tu	me le	donnes?	Donne-le-moi.	le la les	vor moi toi nous vous
Tu	te les	achètes?	Achète-les-toi.		
Vous	nous la	montrez?	Montrez-la-nous.		

Da der Imperativ der gesprochenen Sprache angehört, wird die angegebene Reihenfolge oft durchbrochen (z. B.: *Donne-moi le.*)

2 Das abgeleitete Adverb

1. Die Formen des abgeleiteten Adverbs

Im Gegensatz zum Deutschen werden die französischen Adverbien durch Anhängen einer Adverbendung an das entsprechende Adjektiv gebildet.

C'est une publicité Oui, elle influence	dangereuse. dangereuse**ment**	 les enfants.	Meistens wird *-ment* an die weibliche Form des Adjektivs angehängt.
Enfin un slogan En tout cas, il est	intelligent! intellige**mment**	 présenté.	Adjektive auf *-ent* bilden die Adverbien auf *-emment* [amã].
Il n'est pas Si, si, il est	courant, cour**amment**	ce modèle? utilisé.	Adjektive auf *-ant* bilden die Adverbien auf *-amment.*

Sonderformen: absolument, désespérément, énormément, profondément, vraiment.

2. Der Gebrauch des abgeleiteten Adverbs

Adverbien können ganze Sätze oder Teile eines Satzes näher bestimmen.

Le slogan? . . . Je l'ai	complètement	oublié.	Verben
Ce produit est	absolument	sain.	Adjektive
C'est une voiture qui va	vraiment	très vite.	Adverbien
C'était un bon prix mais,	évidemment,	on ne peut pas tout acheter.	Sätze

Da im Deutschen das Adverb und das entsprechende endungslose Adjektiv meist identisch sind, treten für den deutschsprachigen Französischlerner oft Schwierigkeiten auf, auch wenn der Gebrauch der Adverbien im Deutschen und Französischen ähnlich ist.

Les bons slogans sont	rares.	Gute Werbesprüche sind	selten.	
La pub, je la regarde	rarement.	Werbung schau ich mir	selten	an.

3. Unterschiedliche Bedeutung zwischen Adjektiv und abgeleitetem Adverb

Einige Adverbien haben nicht mehr dieselbe Bedeutung wie das entsprechende Adjektiv.
L'hiver a été très doux. (mild) *Va doucement, on n'est pas pressé!* (langsam)

autre	andere(r/s)	autrement	anders, sonst	juste	richtig	justement	eben
complet	besetzt	complètement	völlig	net	rein	nettement	deutlich
doux	süß, sanft	doucement	leise, langsam	seul	allein	seulement	nur
drôle	komisch	drôlement	ganz schön	tel	solch	tellement	so sehr!
forcé	gezwungen	forcément	zwangsläufig	vrai	wahr	vraiment	wirklich

4. Adjektive ohne ableitbares Adverb
Aus einer Vielzahl von Adjektiven können keine Adverbien gebildet werden. In diesen Fällen steht statt des Adverbs eine adverbiale Wendung (a) oder das Adjektiv (b).

a)

chanter	d'une manière	amusante
répondre	d'une façon	inadmissible
parler	de manière	incompréhensible

b)

sortir	content
partir	soulagé
venir	nombreux

parler	fort
voir	clair
coûter	cher

chanter faux

Dossier 6

1 Die Demonstrativpronomen «celui . . ., celle . . ., ceux . . ., celles . . .»

Sing	mask	Vous voulez un journal de la région? Prenez	celui-ci.
	fem	Comme revue de mode je vous conseille	celle-la.
Plur	mask	Les problèmes du Sénégal sont avant tout	ceux d'un pays pauvre.
	fem	Les grandes langues internationales sont	celles qu'on parle en Europe.

Beachten Sie: Die Demonstrativpronomen *celui, celle(s)* und *ceux* können nicht allein verwendet werden, sie müssen durch *-ci* oder *-là,* einen Relativsatz oder eine *de*-Ergänzung näher bestimmt werden.
In der Regel besteht kein Bedeutungsunterschied zwischen z. B. *celui-ci* und *celui-là.* Man vermeidet aber das wiederholte Einsetzen der gleichen Form: Quel article préférez-vous, *celui-ci* ou *celui-là?*

2 Die Verneinung mehrerer Satzteile

Werden mehrere Satzteile eines Satzes verneint, dann steht *ni* statt *pas* vor den verneinten Satzteilen. Vor dem ersten verneinten Satzteil kann allerdings – vorwiegend in der gesprochenen Sprache – *pas* auch stehen bleiben.

En Afrique beaucoup de gens ne savent	ni	lire	ni	écrire.	ne..ni..ni..
Certains pensent que le wolof n'a	ni	passé	ni	avenir.	
Dans ce village il n'y a	pas	d'instituteur	ni	de médecin.	ne..pas..ni..
Il ne connaît	pas	l'arabe	ni	le français.	

Beachten Sie: Nach *ni* kann *de* oder der bestimmte Artikel stehen, nicht aber der unbestimmte Artikel.

3 Zeitliche Beziehungen

Je suis arrivé à Cannes	il y a	une heure.			vor
	Il y a Ça fait	des années	que que	je rêve de ce festival!	seit
Il faut que je sois de retour au Sénégal	avant	la fin du mois.			vor
Quelques jours	avant,	j'irai voir des amis à Nice.			vorher
Je ne les ai pas vus	depuis	cinq ans.			seit
	depuis qu'	ils vivent en France.			seit(dem)

Dossier 7

1 Das Relativpronomen «dont»

Cet artiste	dont vous n'avez sûrement pas entendu parler	s'appelle Cheval.
Sa maison	dont l'architecture est très bizarre	l'a rendu célèbre.
Son talent	dont on connaît seulement un exemple	est très discuté.

dont steht für eine *de*-Ergänzung, die durch den Relativsatz näher bestimmt wird. Eine *de*-Ergänzung kann eine Verbergänzung (*parler de, avoir besoin de* etc.) oder eine Nomenergänzung *(la maison de)* sein.

2 Formen und Gebrauch des «subjonctif passé»

Unter *subjonctif passé* versteht man die *subjonctif*-Formen des *passé composé.*

C'est normal / C'est bien / C'est drôle / Quelle chance

que	j'aie	dansé	avec Daniel,	que	je sois	sorti	avec lui.
que	tu aies	fait	du sport,	que	tu sois	sorti	un peu.
qu'	il ait	oublié	ta fête,	qu'	il soit	resté	chez lui.
que	nous ayons	choisi	ce film,	que	nous soyons	allés	au Rex.
que	vous ayez	changé	d'avis,	que	vous soyez	parti.	
qu'	ils aient	joué	au ballon,	qu'	ils soient	restés	dehors.

Beachten Sie: Der *subjonctif passé* wird anstelle des *passé composé* oder des *imparfait* verwendet, wenn im Hauptsatz ein *subjonctif*-Auslöser vorkommt:
Je crois que Luc *a oublié* notre rendez-vous.
C'est drôle que Luc *ait oublié* notre rendez-vous.

3 Die Teilfrage mit «lequel, laquelle, lesquels» und «lesquelles»

Sing	mask	Voilà nos marteaux.	Lequel	est le moins cher?
	fem	Voilà ce qu'on a comme perceuses.	Laquelle	vous me conseillez?
Plur	mask	Nous avons plusieurs qualités de ciseaux.	Lesquels	sont les meilleurs?
	fem	Voilà nos étagères.	Lesquelles	sont les plus solides?

4 Die Teilfrage nach dem Subjekt oder dem Objekt

Qui (est-ce qui) Qu' est-ce qui	a fait ça? s'est passé?	Wer? Was?	Frage nach dem Subjekt
Qui est-ce que Qu' est-ce que	je vais inviter? tu veux faire?	Wen? Was?	Frage nach dem direkten Objekt

5 Die Formen des Fragesatzes

1. Fragen ohne Fragepronomen (Gesamtfrage)

Tu viens? Vous restez?	Est-ce que tu viens? Est-ce que vous restez?	Viens-tu? Restez-vous?	Ton frère vient-il aussi? Le maire reste-t-il encore?
Intonation	Umschreibung	Inversion	absolute Fragestellung
gesprochene Sprache	←―――――	―――――→	geschriebene Sprache

2. Fragen mit Fragepronomen (Teilfrage)

Intonation	Vous partez quand? –	– Pourquoi tu pleures?
Umschreibung	Quand est-ce que vous partez?	Pourquoi est-ce que tu pleures?
Inversion	Quand partez-vous? Quand part ton chef?	Pourquoi pleures-tu? –
absolute Fragestellung	Quand ton chef part-il?	Pourquoi ton frère pleure-t-il?

Dossier 8

1 Formen und Gebrauch des «plus-que-parfait»

Das *plus-que-parfait* wird aus den *imparfait*-Formen von *avoir* oder *être* und dem Partizip Perfekt gebildet. Es wird im allgemeinen wie das deutsche Plusquamperfekt (Ich hatte gehofft, daß . . .) verwendet.

Pourtant	on nous avait promis	des changements.
Hier le maire ne s'est même pas montré.		
L'an dernier	il était venu,	au moins!

Mit dem *plus-que-parfait* wird betont, daß eine Handlung vor einem genannten oder gedachten Zeitpunkt der Vergangenheit stattfindet.

2 Die indirekte Rede

			la pollution du Gard	avait diminué.		eher
Le maire	a dit	que	la pollution de l'air	diminuait.		gleichzeitig
			la pollution en ville	diminuerait	bientôt.	später

Beachten Sie: Abweichend von der Regel für die Zeitenfolge (vgl. D 4 2 1.) kann im Nebensatz der indirekten Rede das Präsens stehen, wenn die Aussage zum Sprechzeitpunkt noch gültig ist oder wenn sie immer gültig ist:
Le maire *a dit* que la pollution des eaux *diminue* en ce moment.

In der gesprochenen Sprache hört man oft Sätze wie:
Un paysan m'a raconté que des promoteurs *sont venus*. (. . . *étaient venus*.)
Le patron a dit que le bruit *va diminuer* très bientôt. (. . . *diminuerait* . . .)

Dossier 9

1 Die Formen des «conditionnel passé»

Das *conditionnel passé* wird aus den *conditionnel présent* -Formen von *avoir* und *être* und dem Partizip Perfekt gebildet.

Sans la dernière manifestation,	le préfet n'aurait pas démissionné.
Il y a une semaine,	vous auriez pu parler au ministre.
Pour une ouverture d'autoroute,	même le Président serait venu.

2 Indefinite Begleiter und Pronomen

1. Begleiter

Chaque	Français		dira	que c'est vrai.	jeder . . .
Tous les	Français		pensent		alle . . .
Tout le	pays		en a assez.		. . . ganze . . .
Aucun	Français	n'	est content de la situation.		kein . . .
Pas un (seul)	Français	n'			kein einziger...

2. Pronomen

Chacun		a le droit de s'informer.	jeder
Tout le monde		est d'accord là-dessus.	alle
Tout		va changer.	alles
Personne	ne	refusera sa participation.	niemand
Rien	ne	restera dans l'ombre!	nichts

3 Bedingungssätze

1. Auf Gegenwart oder Zukunft bezogene Bedingungen

Hält der Sprecher eine gegenwärtige oder zukünftige Bedingung für nicht oder schwer erfüllbar, dann steht im *si*-Satz das *imparfait* und im Hauptsatz das *conditionnel présent* oder *passé*.

Si j'étais	le maire du village,	je remettrais	ma démission.
Si le député était	de notre côté,	il aurait protesté	depuis longtemps.

2. Auf die Vergangenheit bezogene Bedingungen

Hält der Sprecher eine vergangene Bedingung für nicht erfüllt, dann steht im *si*-Satz das *plus-que-parfait* und im Hauptsatz das *conditionnel présent* oder *passé*.

Si le préfet avait reçu	les paysans,	il n'y aurait pas eu	de manifestations.
Si Paris avait réagi	plus vite,	la région ne serait pas	en crise.

Beachten Sie: Allein die subjektive Sicht des Sprechers entscheidet, ob eine Bedingung als nicht erfüllt bzw. nicht erfüllbar dargestellt wird, und nicht die objektive Wirklichkeit.

4 Einige Verwendungsweisen von «si-Sätzen»

	Si au moins le préfet était de la région...?	Wunsch
Et	si on écrivait une lettre au journal...?	Vorschlag
Et	si vous veniez un peu plus souvent aux réunions!	Aufforderung
	Si le maire avait un peu plus d'influence...	Bedauern
Ah,	si j'avais su que la municipalité était contre nous...	
	Si pour une fois, M. le député, vous preniez position...!	Vorwurf
	Si au moins tu nous avais informés...!	

Dossier 10

1 «Laisser» und «faire» + Infinitiv

Pourquoi ne pas	laisser les jeunes lire	ce qu'ils veulent?	zulassen
Ce que tu racontes	me fait penser	à ma jeunesse.	veranlassen

Beachten Sie: Für *faire* und *laisser* steht im Deutschen meist „lassen".

2 Die Veränderlichkeit des Partizip Perfekt

Die allgemeine Regel „Veränderlichkeit des Partizips beim Hilfsverb *être* und Unveränderlichkeit bei *avoir*" bedarf einiger Ergänzungen:

Quelle moto a-t-il achetée?
Voici les livres que vous m'avez demandés.
La jeunesse, mon mari ne l'a jamais comprise.

Geht das direkte Objekt eines Verbs diesem voraus, dann richtet sich das Partizip in Geschlecht und Zahl nach dem direkten Objekt.

Diese Regel ist hauptsächlich in der geschriebenen Sprache von Bedeutung. Die Feminin-Form ist nämlich nur selten hörbar, da nur wenige Partizipien auf Konsonant (*-t, -s*), die meisten jedoch auf Vokal (*-é, -i, -u*) enden.
Das direkte Objekt steht immer vor dem Verb, wenn es ein Fragepronomen, ein Relativpronomen oder ein Personalpronomen ist.

Dossier 11

1 Formen und Gebrauch des «futur antérieur»

Das *futur antérieur* wird aus den *futur simple*- Formen von *avoir* und *être* und dem Partizip Perfekt gebildet.

Quand j'	aurai pris	ma retraite, j'irai vivre ailleurs.
Dans un mois nous	aurons fini	l'intérieur de la maison.
Dès que le beau temps	sera revenu,	on mangera dans le jardin.
Vous êtes sûrs que vous	serez rentrés	demain soir?

Mit dem *futur antérieur* wird der Abschluß einer Handlung in der Zukunft hervorgehoben. Im Deutschen steht statt dessen meist das Perfekt.

2 Die Verwendung des freien Pronomens «soi»

Chacun pour soi et Dieu pour tous.
On est très bien chez soi.
Il faut penser un peu à soi-même.

Soi kann, anders als *lui, eux* und *elle(s),* nur verwendet werden, wenn das Subjekt, auf das sich *soi* bezieht, unbestimmt ist oder fehlt.

Beachten Sie: On est très bien chez *lui.* – Man fühlt sich bei *ihm* wohl.
Elle ne pense qu'à *elle.* – Sie denkt nur an *sich.*

Dossier 12

1 Das «passé simple»

In alten Volksliedern, Romanen und historischen Darstellungen (Biographien) wird oft statt des *passé composé* das *passé simple* verwendet. Sein Gebrauch ist in der gesprochenen Sprache unüblich geworden. Man erkennt das *passé simple* an seinen typischen Endungen.

Verben auf *-er*	
je	parl**ai**
tu	parl**as**
il	parl**a**
nous	parl**âmes**
vous	parl**âtes**
ils	parl**èrent**

alle anderen Verben			
je	fin**is**	je	conn**us**
tu	fin**is**	tu	conn**us**
il	fin**it**	il	conn**ut**
nous	fin**îmes**	nous	conn**ûmes**
vous	fin**îtes**	vous	conn**ûtes**
ils	fin**irent**	ils	conn**urent**

Sonderformen:

avoir	devenir	être	faire	naître	venir	vivre
il eut	il devint	il fut	il fit	il naquit	il vint	il vécut

2 Das Passiv

Das Passiv wird aus den Zeitformen von *être* und dem Partizip Perfekt gebildet. Das Partizip richtet sich in Geschlecht und Zahl nach dem Subjekt. Wird die handelnde Person/Behörde/Institution etc. genannt, so erfolgt der Anschluß durch die Präposition *par.*

La CECA	a été	créé		en 1951.
Ce traité	est	signé	par six nations.	
Konrad Adenauer	fut	élu		chancelier en 1949.
L'Europe	sera	gouvernée	par un seul parlement	avant l'an 2000.

Beachten Sie: Diese Form des Passivs gehört vorwiegend der geschriebenen Sprache an.

3 Das Adjektiv und seine Ergänzungen

Nach einer Reihe von Adjektiven, die Sie in *A bientôt 1* und *2* kennengelernt haben, können Nomen oder Infinitive mit verschiedenen Präpositionen stehen. Die nachstehende Tabelle vermittelt einen Überblick.

Il mourut en 1967	âgé	de	91 ans.	. . . alt.
Il est	amoureux	de	son pays.	verliebt in
Reims est	célèbre	pour	sa cathédrale.	berühmt wegen
Je suis	contente	de	vous revoir.	erfreut . . . zu
Nous sommes	déçus	de	devoir partir.	enttäuscht/traurig
Il est	fier	d'	être Flamand.	stolz . . . zu
Les francophones sont	heureux	de	cet événement.	glücklich über
Cette lettre est	impossible	à	lire!	unmöglich . . . zu
Ils étaient	impressionés	par	cet article.	beeindruckt von
Vous êtes	intéressé	par	ce travail?	interessiert an
Son nom est	lié	à	l'idée de l'Europe unie.	steht in Zusammenhang mit
Les usines sont	obligées	de	fermer les unes après les autres.	gezwungen zu
C'était	plein	de	monde.	voll von
Il est	prêt	à	faire des compromis.	bereit . . . zu
Ils sont	proches	de	la frontière.	nahe an
Je suis	ravi	de	mes vacances.	begeistert von
Nous sommes	responsables	de	notre passé.	verantwortlich für
Les jeunes sont	sensibles	à	la mode.	empfänglich für
Il n'est jamais	sûr	de	lui.	. . . sicher
Qu'est-ce qui est	typique	de	la France?	typisch für

Beachten Sie: Il n'est pas *facile d'obtenir* le statut d'objecteur.
Le statut d'objecteur n'est pas *facile à obtenir.*

Die Konjugation der Verben

Infinitiv	Präsens Singular	Präsens Plural	*imparfait*	*gérondif*	*présent du subjonctif*	*futur simple*	*participe passé*	Ebenso:	
acheter	j'achète	nous achetons ils achètent	j'achetais	en achetant	que nous achetions que j'achète qu'ils achètent	j'achèterai	acheté	amener crever élever s'élever* emmener enlever	se lever* mener se promener ramener relever semer
aller*	je vais tu vas il va	nous allons ils vont	j'allais	en allant	que nous allions que j'aille qu'ils aillent	j'irai	allé		
appeler	j'appelle	nous appelons ils appellent	j'appelais	en appelant	que nous appelions que j'appelle qu'ils appellent	j'appellerai	appelé	épeler jeter rappeler	se rappeler* renouveler
s'asseoir*	je m'assois	ils s'assoient nous nous asseyons	je m'asseyais	en s'asseyant	que je m'asseye	je m'assiérai	assis		
attendre	j'attends	nous attendons ils attendent	j'attendais	en attendant	que j'attende	j'attendrai	attendu	dépendre descendre se détendre* entendre s'entendre* étendre s'étendre*	perdre rendre se rendre* répondre tondre vendre
avoir	j'ai tu as il a	nous avons ils ont	j'avais	en ayant	que j'aie qu'il ait que nous ayons qu'ils aient	j'aurai	eu [y]		
battre	je bats	nous battons ils battent	je battais	en battant	que je batte	je battrai	battu	abattre	
boire	je bois	nous buvons ils boivent	je buvais	en buvant	que nous buvions que je boive qu'ils boivent	je boirai	bu		
conclure	je conclus	nous concluons ils concluent	je concluais	en concluant	que je conclue	je conclurai	conclu		
conduire	je conduis	nous conduisons ils conduisent	je conduisais	en conduisant	que je conduise	je conduirai	conduit	construire détruire s'instruire*	produire reconstruire réduire

connaître						je connaîtrai		apparaître* disparaître réapparaître* reconnaître
	je connais il connaît	nous connaissons ils connaissent	je connaissais	en connaissant	que je connaisse		connu	
convaincre		nous convainquons ils convainquent	je convainquais	en convainquant	que je convainque	je convaincrai	convaincu	
	je convaincs							
croire	je crois	ils croient			que je croie qu'ils croient	je croirai		
		nous croyons	je croyais	en croyant	que nous croyions		cru	
devoir		nous devons	je devais	en devant	que nous devions	je devrai		
	je dois	ils doivent			que je doive qu'ils doivent		dû	
dire	je dis					je dirai	dit	interdire
		nous disons vous dites ils disent	je disais	en disant	que je dise			
se **distrai**re*	je me distrais	ils se distraient			que je me distraie qu'ils se distraient	je me distrairai	distrait	
		nous nous distrayons	je me distrayais	en se distrayant	que nous nous distrayions			
écrire	j'écris					j'écrirai	écrit	décrire
		nous écrivons ils écrivent	j'écrivais	en écrivant	que j'écrive			
envoyer		nous envoyons	j'envoyais	en envoyant	que nous envoyions		envoyé	
	j'envoie	ils envoient			que j'envoie qu'ils envoient	j'enverrai		
être			j'étais	en étant			été	
	je suis tu es il est	nous sommes vous êtes ils sont			que je sois que nous soyons qu'ils soient	je serai		
faire	je fais						fait	défaire refaire satisfaire
		nous faisons vous faites ils font	je faisais	en faisant	que je fasse	je ferai		
falloir			il fallait				fallu	
	il faut				qu'il faille	il faudra		

* Diese Verben bilden das *passé composé* mit *être.*

finir	je finis	nous finissons ils finissent	je finissais	en finissant	que je finisse	je finirai	fini	agrandir applaudir avertir choisir définir élargir s'établir* fleurir garantir nourrir obéir punir réagir réfléchir remplir répartir rétablir retentir rétrécir réunir réussir subir trahir s'unir*
lire	je lis	nous lisons ils lisent	je lisais	en lisant	que je lise	je lirai	lu	élire
mettre	je mets	nous mettons ils mettent	je mettais	en mettant	que je mette	je mettrai	mis	permettre promettre remettre
mourir*	je meurs	nous mourons ils meurent	il mourait	en mourant	que nous mourions que je meure qu'ils meurent	il mourra	mort	
ouvrir	j'ouvre	nous ouvrons ils ouvrent	j'ouvrais	en ouvrant	que j'ouvre	j'ouvrirai	ouvert	découvrir offrir recouvrir redécouvrir souffrir
partir*	je pars	nous partons ils partent	je partais	en partant	que je parte	je partirai	parti	dormir mentir repartir* sentir se sentir* servir sortir*
se **plaind**re*	je me plains	nous nous plaignons ils se plaignent	je me plaignais	en se plaignant	que je me plaigne	je me plaindrai	plaint	s'éteindre* peindre repeindre
plaire	je plais il plaît	nous plaisons ils plaisent	je plaisais	en plaisant	que je plaise	je plairai	plu	
pleuvoir	il pleut		il pleuvait		qu'il pleuve	il pleuvra	plu	
pouvoir	je peux	nous pouvons ils peuvent	je pouvais	en pouvant	que je puisse	je pourrai	pu	
préférer	je préfère	nous préférons ils préfèrent	je préférais	en préférant	que nous préférions que je préfère qu'ils préfèrent	je préférerai [ʒə prefɛrrɛ]	préféré	accélérer céder célébrer compléter considérer espérer s'inquiéter* posséder précéder protéger répéter suggérer

	je prends	nous prenons ils prennent	je prenais	en prenant	que nous prenions que je prenne qu'ils prennent		pris	comprendre reprendre
recevoir	 je reçois	nous recevons ils reçoivent	je recevais	en recevant	que nous recevions que je reçoive qu'ils reçoivent	je recevrai	 reçu	s'apercevoir*
rire	je ris	nous rions ils rient	je riais	en riant	que je rie	je rirai	ri	sourire
savoir	 je sais	nous savons ils savent	je savais	 en sachant	 que je sache	 je saurai	 su	
suffire	je suffis	 nous suffisons ils suffisent	 je suffisais	 en suffisant	 que je suffise	je suffirai	suffi	
suivre	 je suis il suit	nous suivons ils suivent	je suivais	en suivant	que je suive	je suivrai	suivi	poursuivre
tenir	 je tiens	nous tenons ils tiennent	je tenais	en tenant	que nous tenions que je tienne qu'ils tiennent	 je tiendrai	tenu	appartenir entretenir s'entretenir* maintenir obtenir retenir
valoir	 il vaut	ils valent	il valait	en valant	 qu'il vaille	 il vaudra	valu	
venir*	 je viens	nous venons ils viennent	je venais	en venant	que nous venions que je vienne qu'ils viennent	 je viendrai	venu	convenir devenir* parvenir* prévenir provenir* redevenir* revenir*
vivre	 je vis	nous vivons ils vivent	je vivais	en vivant	que je vive	je vivrai	 vécu	revivre
voir	je vois	ils voient nous voyons	 je voyais	 en voyant	que je voie qu'ils voient que nous voyions	 je verrai	 vu	
vouloir	 je veux	nous voulons ils veulent	je voulais	en voulant	que nous voulions que je veuille qu'ils veuillent	 je voudrai	voulu	

Wörterverzeichnis Französisch-Deutsch

Abkürzungen:

Abk	Abkürzung	*m*	maskulin	*qch*	(= quelque chose) etwas	*Relativpron*	Relativpronomen
Adj	Adjektiv	*Obj*	Objekt	*qn*	(= quelqu'un) jemand	*Subj*	Subjekt
Adv	Adverb	*Pers*	Person			*ugs*	umgangssprachlich
f	feminin	*Plur*	Plural			*uv*	unveränderlich
Inf	Infinitiv	*Pron*	Pronomen				

Dossier 1

Situation 1

le désastre	Fehlschlag, Katastrophe
l'Ecosse *f*	Schottland
pleuvoir	regnen
tout le temps	die ganze Zeit
quel dommage!	wie schade!
le dommage	Schaden, Nachteil
comme	da
la nature	Natur
la forêt	Wald
le bruit	Lärm
le transistor	Kofferradio
sain,e	gesund
se reposer	sich ausruhen, sich erholen

Exercice 1

utiliser	benutzen, verwenden
ci-dessous *Adv*	untenstehend
le succès	Erfolg
total,e	völlig, ganz, restlos
la réussite	Erfolg
l'échec *m*	Mißerfolg, Scheitern
complet,-ète	vollständig, vollkommen
la catastrophe	Katastrophe
agréable *m/f*	angenehm
neiger	schneien
le brouillard	Nebel
l'orage *m*	Gewitter
crever de chaleur *ugs*	vor Hitze umkommen
la chaleur	Hitze
le froid	Kälte
ravi,e	entzückt
triste *m/f*	traurig

Situation 2

ça fait trois jours que	seit drei Tagen
quelqu'un,e	jemand
attraper	sich holen; fangen
le coup de soleil	Sonnenbrand
remarque	das heißt
se baigner	baden
j'ai la peau fragile	ich habe eine empfindliche Haut
la peau	Haut
fragile *m/f*	empfindlich; zerbrechlich
l'ombre *f*	Schatten
le plus souvent possible	so oft wie möglich
tranquille *m/f*	ruhig

Exercice 3

imaginer	erfinden, sich vorstellen
la mine	Aussehen
en pleine forme	in Hochform
superbe *m/f*	prächtig, prachtvoll
supporter	vertragen, ertragen

Exercice 4

selon	nach, gemäß

Situation 3

il fait nuit	es ist dunkel
le terrain de camping	Camping-, Zeltplatz
complet,-ète	voll, belegt
la fatigue	Erschöpfung, Mattheit, Müdigkeit
être en train de faire qch	(gerade) dabei sein, etwas zu tun
monter une tente	ein Zelt aufschlagen, aufbauen
se mettre à	anfangen zu
figurez-vous	stellen Sie sich vor
la lampe électrique	Taschenlampe
rendre l'âme	den Geist aufgeben
rendre	zurückgeben; herausgeben
l'âme *f*	Seele, Geist
la lumière	Licht

L'Hôtel Bonséjour

tu parles!	was du nicht sagst!, denkste!
le mur	Mauer
le carton	Pappe, Karton
le calme	Ruhe, Stille
à l'aube	in aller Frühe
l'aube *f*	Morgengrauen
l'aspirateur *m*	Staubsauger
le couloir	Gang, Flur
tiens-toi bien	halt dich fest
prendre deux kilos	zwei Kilo zunehmen
chacun,e	jeder
il fallait	man hätte müssen
la pension complète	Vollpension
autrement *Adv*	anders; andernfalls
emmener	mitnehmen
la colonie de vacances	Ferienlager
au fait	eigentlich
les Alpes *f*	die Alpen
tellement *Adv*	soviel
tu n'as pas idée	du kannst dir das nicht vorstellen
le chien	Hund
la pile	Stoß, Haufen
le bouquin *(ugs für: livre)*	Buch, Schmöker

Exercice 8

chez soi	zuhause

Situation 4

l'avantage *m*	Vorteil
l'inconvénient *m*	Nachteil
la circulation	Verkehr
monstre *m/f*	riesig
surpeuplé,e	übervölkert, überfüllt
rare *m/f*	selten

Exercice 9

d'après	nach, entsprechend
l'Auvergne *f*	*Gegend im Zentralmassiv*

Tous en même temps aux mêmes endroits

en même temps	gleichzeitig, zugleich
le surpeuplement	Übervölkerung, Überfüllung
reconnaître	anerkennen, einsehen

l'étalement *m*	Verteilung, *hier:* Staffelung *(der Ferientermine)*
la cause	Grund, Ursache
le goût	Vorliebe, Geschmack
rappeler qch	an etw erinnern
mondial,e	Welt-
la date	Datum, Termin
l'examen *m*	Examen, Prüfung
scolaire *m/f*	Schul-
d'autres	andere
le congé	Urlaub
de toute façon	jedenfalls
à la fois	zugleich, auf einmal
se payer	sich leisten, sich genehmigen
les Bahamas *f*	die Bahamas
la minorité	Minderheit
inutile *m/f*	unnütz; unnötig
insister sur	beharren auf
les commerçants *m*	Kaufleute, Geschäftsleute
faire son année	das Hauptgeschäft des Jahres machen
poser des problèmes à qn	jdn vor Probleme stellen
la municipalité	Stadtverwaltung
sur le plan de	im Bereich des/der, was . . . betrifft
l'hygiène *f*	Hygiene
la Grande Motte	*Ferienstadt bei Montpellier*
passer de . . . à	ansteigen von . . . auf
St. Tropez, Port Grimaud	*Orte an der Côte d'Azur*
sous	unter
la caravane	Wohnwagen
pourtant	dennoch
merveilleux,-se	wunderbar
intact,e	intakt, unberührt
la Lozère	*Departement im Südosten des Zentralmassivs*
la Dordogne	*Departement nordöstlich von Bordeaux*
l'Argonne *f*	*Gegend östlich von Paris*
la foule	Menschenmenge, -masse
le campeur	Camper, Zeltende

Exercice 10

cocher	ankreuzen

Exercice 11

en fonction de	entsprechend

Exercice 12

les parents *m*	Verwandte
à l'avance	im voraus

Dossier 2

Situation 1

tricoter	stricken
être aux petits soins pour qn	jdm jeden Wunsch von den Augen ablesen
les soins *m*	Bemühungen; Pflege
la belle-fille	Schwiegertochter
avoir beaucoup de mal à	es sehr schwer haben zu
élever	aufziehen
le rôle	Rolle, Aufgabe
gâter	verwöhnen
le gâteau	Kuchen
un tas de	ein Haufen
le conseil	Rat(schlag)
l'autre jour	neulich
la jalousie	Eifersucht
s'en aller	(weg)gehen
aller voir qn	jdn besuchen

Exercice 3

facile	leicht, einfach

Situation 2

les invités *m*	Gäste
le tablier	Schürze
c'est ça!	genau!
ressembler à	gleichen, ähneln
l'image *f*	Bild
le/la célibataire	Junggeselle/-in
traditionnel,le	traditionell
faire la cuisine	kochen
se rendre compte	sich darüber im klaren sein
divorcé,e	geschieden
apprendre à faire qch	etw tun lernen
se débrouiller	zurechtkommen
savoir faire qch	etw tun können
oser	wagen
réussir	Erfolg haben, es schaffen

Exercice 4

fumer	rauchen

Exercice 5

les parenthèses *f*	Klammern
convenir	passen, angemessen sein

Situation 3

la rentrée	Schulanfang
être en pension	im Internat sein
plusieurs	mehrere
chanter	singen
rire	lachen
participer à qch	an etw teilnehmen
parfois	manchmal
nager	schwimmen
le/la prof *(ugs für: professeur)*	Lehrer(in)
la gym *(ugs für: gymnastique)*	Turnen, Sport
avoir peur	Angst haben, sich ängstigen
la peur	Angst
la bêtise	Dummheit
crier	schreien
dire amen	ja und amen sagen
permettre	erlauben

Exercice 6

minuit	Mitternacht

Exercice 7

doux,-ce	sanft, ruhig
la qualité	Eigenschaft, Qualität
le troisième âge	drittes Lebensalter

Les nouvelles grand-mères

le chapeau	Hut
avant de	ehe, bevor
défaire	aufmachen, auflösen
le chignon	(Haar-)Knoten
la natte	Zopf
le vélo	Fahrrad
le yoga	Joga
la Chine	China
la naissance	Geburt
l'éducation *f*	Erziehung
la rivalité	Rivalität
la manière	Art, Weise
proposer	vorschlagen
la tradition	Tradition
l'amour *m*	Liebe
le but	Ziel

Exercice 10

le veuf/la veuve	Witwer/-e
adoptif,-ve	Adoptiv-

Situation 4

il faudrait que	es wäre nötig, daß
avant que	bevor, ehe
l'Université *f*	Universität
la plupart de(s)	die meisten
la fac *ugs*	Uni
la faculté	Fakultät

pratique *m/f*	praktisch
facilement *Adv*	leicht, einfach
selon l'argent qu'on a	je nachdem, wieviel Geld man hat
l'organisation *f*	Organisation

Situation 5

être marié,e	verheiratet sein
le courage	Mut
refuser	ablehnen, zurückweisen
le mariage	Ehe
le couple	(Ehe-)Paar
prouver	beweisen
construire	bauen, aufbauen
le bonheur	Glück
passer devant M. le Maire	aufs Standesamt gehen
pas mal d'entre eux	nicht wenige von ihnen
rêver	träumen
complètement *Adv*	völlig, ganz
le rapport	Beziehung; Zusammenhang
pour que	damit
être prêt à	bereit sein zu
remettre qch en question	etwas in Frage stellen
repartir à zéro	von vorn anfangen

Rêve communautaire

communautaire *m/f*	Gemeinschafts-
le/la communautaire	Kommunarde/-in
l'idée fixe	fixe Idee
la ferme	Bauernhof
la communauté	Wohngemeinschaft, Kommune
alcoolique *m/f*	alkoholisch, Alkoholiker-
l'herbe *f*	Gras
politique *m/f*	politisch
le mouvement	Bewegung
l'espoir *m*	Hoffnung
l'acte *m*	Tat, Handlung
l'agressivité *f*	Aggressivität
la sexualité	Sexualität
dont *Relativpron*	von dem
sexuel,le	sexuell
nombreux,-se	zahlreich
parvenir à	gelangen zu, erreichen
se débarasser de	sich freimachen von, loswerden
appartenir	gehören
si l'on = si on	wenn man
possible *m/f*	möglich

Exercice 14

le projet	Plan; Projekt
tolérant,e	tolerant
chercher à	versuchen zu

Exercice 16

se marier	heiraten

Exercice 17

le résultat	Ergebnis
l'enquête *f*	Untersuchung, Umfrage
avoir à voir avec qch	mit etw zu tun haben

Dossier 3

Situation 1

l'occasion *f*	Anlaß, Gelegenheit
la carte postale	Postkarte
le nouvel an	Neujahr
la carte de vœux	Glückwunschkarte
le vœu	(Glück-)Wunsch
l'anniversaire *m*	Geburtstag
hier	gestern
Venise	Venedig
Florence	Florenz
Pise	Pisa

avoir lieu – stattfinden

amitiés *f Plur*	viele Grüße
présenter ses vœux de bonheur	alles Gute wünschen
amicalement *Adv*	viele Grüße
le cadeau	Geschenk

Exercice 3

rendre visite à qn	jdn besuchen
le début	Anfang, Beginn
ci-dessus *Adv*	obenstehend
à notre tour	unsererseits

Situation 2

la belle-famille	Schwiegerfamilie
le réveillon	*Festmahl an Heiligabend oder Silvester*
l'huître *f*	Auster
le foie gras	Gänseleber
gras,se	fett
respecter	respektieren, achten
l'intention *f*	Absicht
plaisanter	scherzen
l'opinion *f*	Meinung, Ansicht
alors que	während
tant de	soviel

Exercice 5

la solution	Lösung

Situation 3

le mariage	Heirat, Hochzeit
le décès	Todesfall
le faire-part *uv*	(Familien-)Anzeige
la joie	Freude
faire part de qch	etwas mitteilen
le lotissement	Siedlung
la jonque	Dschunke
le souhait	Wunsch
la bienvenue	Willkommen
chaleureux,-se	herzlich
les félicitations *f*	Glückwünsche
les obsèques *f*	Totenamt; Beisetzung
dans la plus stricte intimité	in aller Stille, im engsten Familienkreise
strict,e	streng, genau
l'intimité *f*	Intimität, Vertrautheit
la peine	Leid, Kummer
présenter ses condoléances *f*	sein Beileid aussprechen
sincère *m/f*	aufrichtig, ehrlich

Situation 4

célébrer	feiern
deviner	raten
en grand tralala *ugs*	mit großem Brimborium
la réception	Empfang
le voyage de noces	Hochzeitsreise
les Seychelles *f*	die Seychellen
bien des	sehr viele, eine Menge
il faudra que	es wird nötig sein, daß
s'installer	s. (häuslich) niederlassen; s. einrichten
les beaux-parents *m*	Schwiegereltern
offrir en cadeau de mariage	zur Hochzeit schenken
offrir	schenken
aucun,e	überhaupt kein(e), keinerlei
l'empêchement *m*	Verhinderung

Exercice 6

différent,e	verschieden
convaincre	überzeugen
formuler	formulieren
le/la fleuriste	Blumenhändler/-in
laver	waschen

Exercice 7

la surprise-partie	Party
le renseignement	Auskunft
à partir de	ab, von . . . an
la dépense	Ausgabe

prévu,e	vorgesehen
les formules d'usage	gebräuchliche Wendungen
la formule	Formel, Wendung
l'usage *m*	Brauch, Gewohnheit
à l'occasion de	anläßlich
adresser	*hier:* senden
ainsi que	sowie
futur,e	zukünftig
les époux *m*	Ehegatten, Eheleute
la corde	Strick
la perte	Verlust

Le mariage d'Odile

se passer	los sein, geschehen
pleurer	weinen
extraordinaire *m/f*	unglaublich; außergewöhnlich
on est en plein drame *ugs*	wir haben so ein Theater
le drame	Drama, Schauspiel
la gerbe de fleurs	Blumenbukett
la liste de mariage	Geschenkliste
la mariée	Braut
le bal	Ball, Tanz
la valse	Walzer
à notre époque	*hier:* heutzutage
l'époque *f*	Zeitalter, Epoche
dépassé,e	überholt, veraltet
le mariage civil	Ziviltrauung
l'écharpe *f*	Schärpe
tricolore *m/f*	*hier:* blau-weiß-rot
le discours	Rede
les jeunes mariés *m*	Jungvermählte
personne d'autre	niemand anders, sonst niemand
se moquer (de)	sich lustigmachen (über)
jeter l'argent par les fenêtres	das Geld zum Fenster hinauswerfen
dont *Relativpron*	dessen, deren
égoïste *m/f*	egoistisch
compter	gelten, wert sein
contenter	zufriedenstellen
ça te va?	paßt dir das?

Exercice 9

l'excursion	Ausflug
en faveur de	zugunsten
satisfaire qn	jdn zufriedenstellen
la table ronde	Diskussionsrunde
rond,e	rund
le thème	Thema, Gegenstand

Exercice 10

assister à	beiwohnen
la proposition	Vorschlag; Angebot
s'agir de	sich handeln um
le compromis	Kompromiß

14-Juillet au village

endimanché,e	im Sonntagsstaat
fleuri,e	geblümt
le drapeau tricolore	Trikolore
le drapeau	Fahne
le coin	Ecke
inondé,e	überflutet
parler fort	laut sprechen
soudain	plötzlich
s'arrêter (de)	aufhören (zu)
soulagé,e	erleichtert
le silence	Stille, Schweigen
au loin	in der Ferne, von fern
retentir	(er)tönen
la marche militaire	Militärmarsch
la fanfare	Musikkapelle
municipal,e	Gemeinde-
s'approcher (de)	näherkommen, sich nähern
précédé,e des inévitables majorettes	voran die unvermeidlichen Majoretten
précéder qn	jdm vorangehen
inévitable *m/f*	unvermeidlich
la majorette	Majorette *(Mädchen in Phantasieuniform bei Umzügen)*
l'élu de la commune	Gemeinderat
l'élu *m*	Gewählter; Abgeordneter

la commune	Gemeinde
s'avancer vers	zuschreiten auf
le monument aux morts	Gefallenendenkmal
cesser	aufhören
prononcer un discours	eine Rede halten
prononcer	aussprechen
il est question de	es ist die Rede von
la république	Republik
la prise de la Bastille	Sturm auf die Bastille *(14. Juli 1789)*
la prise	Eroberung
la liberté	Freiheit
l'égalité *f*	Gleichheit
la fraternité	Brüderlichkeit
sérieux,-se	ernst
sauf	außer
national,e	national
républicain,e	republikanisch
à peine	kaum
la matinée	Vormittag
l'affiche *f*	Plakat, Anschlag
le concours de boules	Boulewettbewerb
le concours	Wettbewerb
la boule	Kugel
l'orchestre *m*	Kapelle, Orchester
le marchand de glace	Eisverkäufer
le marchand	Händler, Kaufmann
la glace	(Speise-)Eis
le manège	Karussell
la loterie	Losbude
le stand de tir	Schießbude
la course en sac	Sackhüpfen
la course de l'œuf dans la cuillère	Eierlaufen
la course	Lauf
manquer qch	etwas verpassen
le chant	Gesang
le feu d'artifice	Feuerwerk
faire de son mieux	sein Bestes tun
rien ne vaut une bonne valse	nichts geht über einen guten Walzer
la bagarre	Krawall, Schlägerei
tout rentre dans l'ordre	alles läuft wieder normal
public,-que	öffentlich
autour *Adv*	rundherum
arroser	begießen
servir	servieren

Exercice 12

décrire	beschreiben

Exercice 13

correspondre à qch	etwas entsprechen

Exercice 15

la fête populaire	Volksfest
populaire *m/f*	volkstümlich
la différence	Unterschied
la kermesse	Wohltätigkeitsbasar; *(in Nordfrankreich u. Belgien)* Kirmes
la foire	Jahrmarkt, Messe
le carnaval	Karneval
la fête foraine	Kirmes, Rummel

Dossier 4

Situation 1

de la part de	im Auftrag/von seiten von
l'agent commercial *m*	Vertreter
commercial,e	kaufmännisch, Handels-
promettre	versprechen
embaucher	einstellen
l'expérience *f*	Erfahrung
être dans l'import-export *m*	im Import-Export-Geschäft arbeiten
la province	Provinz
ça vaut la peine	das lohnt sich
le certificat de travail	Arbeitszeugnis
le curriculum vitae	Lebenslauf

Exercice 1

la réplique	Entgegnung
original,e	ursprünglich, Original-
la scène	Szene
la ligne	Leitung
ne quittez pas	*hier:* bleiben Sie am Apparat

lui-même	er selbst: *hier:* am Apparat
appeler qn	*hier:* jdn anrufen
à quel sujet?	in welcher Angelegenheit?
c'est exact	das stimmt
exact,e	genau, exakt
falloir	notwendig sein
je pense que oui	ich denke schon

Situation 2

la sécurité	Sicherheit
tous ceux qui	alle, die
l'accident du travail	Arbeitsunfall
mortel,le	tödlich
coûter cher à qn	jdn teuer zu stehen kommen
la moyenne	Durchschnitt
annuel,le	jährlich
se faire mal	sich wehtun
se blesser	sich verletzen
obtenir	erhalten
le certificat médical	ärztl. Bescheinigung
médical,e	ärztlich; medizinisch
donner droit à	berechtigen zu
le droit	Recht
l'arrêt de travail	Arbeitspause
se casser une jambe	sich das Bein brechen
tomber	fallen
l'échelle *f*	Leiter
la Sécurité Sociale	*gesetzliche Kranken-, Unfall- und Rentenversicherung in Frankreich*
les frais médicaux *m*	Arzt- und Arzneimittelkosten
verser	auszahlen

Exercice 3

combiner	verbinden, kombinieren
diminuer	verringern

Situation 3

le chef du personnel	Personalchef
s'asseoir	sich setzen
l'augmentation *f*	(Gehalts-)Erhöhung; Steigerung; Anstieg
malheureusement *Adv*	leider, unglücklicherweise
augmenter qn	jds Gehalt erhöhen
en ce moment	im Augenblick
s'inquiéter	sich Sorgen machen, sich beunruhigen
capable *m/f*	fähig
parmi	bei, unter
donner sa démission	kündigen; abdanken
la démission	Kündigung; Abdankung, Rücktritt

Exercice 4

le retard	Verspätung, Verzug

Exercice 5

le commerce	Handel
le/la représentant,e	Vertreter(in)
l'artisanat *m*	Handwerk
le/la coiffeur,-euse	Friseur/Friseuse
le/la cordonnier,-ère	Schuhmacher(in)
l'hôtellerie *f*	Hotelgewerbe
le/la cuisinier,-ère	Koch/Köchin
les professions libérales	die freien Berufe
l'avocat,e	Anwalt/Anwältin
le/la pharmacien,ne	Apotheker(in)
l'activité sociale *f*	Sozialberuf
l'assistant,e social,e	Sozialarbeiter(in)
où l'on = où on	wo man

Demandeur d'emploi

le demandeur d'emploi	Arbeitssuchender
le demandeur	Frager, Antragsteller
le poste	(Arbeits-)Stelle
être en retard	später kommen, Verspätung haben
amener qch	etwas mitbringen
l'employeur *m*	Arbeitgeber
désespéré,e	verzweifelt
être au chômage	arbeitslos sein
le syndicat	Gewerkschaft
défendre	verteidigen
faire grève	streiken
la grève	Streik
se dépêcher	sich beeilen
être habitué,e (à qch)	(etwas) gewohnt sein

brut brutto
net netto
dans quelques mois in ein paar Monaten
ANPE = Agence Nationale pour l'Emploi *staatliches Arbeitsamt in Frankreich*
ça ne marche jamais das klappt/funktioniert nie
ou (alors) . . . ou (bien) entweder . . . oder
vous finirez bien par trouver Sie finden sicher doch noch etwas
la chômeuse Arbeitslose

Exercice 7

la raison Grund, Ursache

Exercice 8

la demande d'emploi Stellengesuch
la demande Bitte, Gesuch, Nachfrage
J. F. = jeune femme
diplômée Chambre de Commerce Abschlußzeugnis der Handelskammer
stable *m/f* sicher; stabil
h. b. = heures de bureau zu Bürozeiten
l'origine *f* Herkunft, Abstammung
courant,e fließend
dynamique *m/f* dynamisch
ch. = cherche
Ecr. = écrire
Jne = jeune
échange heures de service contre conversation en Fr. bietet Hausarbeit gegen Französischkonversation an
échanger qch contre qch etw gegen etw austauschen
cultivé,e kultiviert
la candidature Bewerbung
rédiger ver-, abfassen
s'inspirer de sich anregen lassen von
le prénom Vorname
la nationalité Staatsangehörigkeit, Nationalität
la situation de famille Familienstand
les études secondaires *hier:* Oberschule
les études commerciales *hier:* Höhere Handelsschule
particulier,-ère besonders

Exercice 9

indiquer anzeigen, angeben
sembler (er)scheinen
traditionnellement *Adv* herkömmlicherweise
féminin,e weiblich
masculin,e männlich
partout überall
la remarque Bemerkung
le travailleur immigré ausländischer Arbeitnehmer, „Gastarbeiter"
immigré,e eingewandert

Situation 4

personnellement *Adv* persönlich
je comprends que ich kann verstehen, daß
le coût de la vie Lebenshaltungskosten
le pouvoir d'achat Kaufkraft
ça me paraît das scheint mir
paraître scheinen, erscheinen
en contradiction avec in Widerspruch zu
la contradiction Widerspruch
davantage mehr
plus . . . plus je (mehr) . . . desto (mehr)

Les 35 heures

est en train d'avancer ist auf dem Vormarsch
avancer vorrücken
le signal du départ Startsignal
il a fallu du temps es hat Zeit gebraucht
européen,ne europäisch
le travail va manquer es wird an Arbeit mangeln
partager teilen
en réduisant la durée du travail durch Arbeitszeitverkürzung
réduire vermindern, reduzieren

employer	beschäftigen
ainsi	so(mit)
le parti	Partei
le Parti Travailliste	Labourpartei
britannique *m/f*	britisch
le Parti Socialiste	Sozialistische Partei
CFDT = Confédération française démocratique du travail	*französische Gewerkschaft*
Confédération Européenne des Syndicats	Europäischer Gewerkschaftsbund
la confédération	Bund, Bündnis
reprendre	aufnehmen
les gouvernements *m* **eux-mêmes**	die Regierungen selbst
réfléchir à qch	über etwas nachdenken
pour la première fois	zum ersten Mal
le Conseil des Ministres	Ministerrat
la réduction de la durée du travail	Arbeitszeitverkürzung
étudier	untersuchen, studieren
la Commission (Européenne)	(Europäische) Kommission
le travail temporaire	Zeitarbeit
temporaire *m/f*	zeitweise, vorübergehend
la réduction annuelle du travail	Verkürzung der Jahresarbeitszeit
la retraite à la carte	flexible Altersgrenze
le choix	Wahl
l'automatisation *f*	Automatisierung
disparaître	verschwinden
par le passé	in der Vergangenheit
répartir	ver-, aufteilen
au contraire	im Gegenteil

Exercice 12

mener une vie saine	ein gesundes Leben führen
le stress	Streß
pour soi	für sich (selbst)
s'instruire	sich bilden
citer	nennen, anführen
commenter	erläutern

Exercice 13

le droit du travail	Arbeitsrecht
la création	Schaffung
l'embauche *f*	Einstellung
laquelle de ces dates	welches dieser Daten

Dossier 5

Situation 1

le personnage	Person; Figur
le tabac	Tabak
abattre	schwächen
chouette *m/f ugs*	klasse
avoir passé l'âge	aus dem Alter heraus sein
nettement *Adv*	eindeutig, deutlich
l'humour *m*	Humor
le produit	Produkt
créer	schaffen
le besoin	Bedürfnis
artificiel,le	künstlich
servir à qn	jdm nutzen
pousser qn à faire qch	jdn dahin bringen, etw zu tun
bêtement *Adv*	blödsinnig
tromper qn	jdn täuschen
être fauché,e *ugs*	abgebrannt sein
le fric *(ugs für: argent)*	Geld
amusant,e	amüsant, lustig
sans doute	gewiß, sicher(lich)
le doute	Zweifel
nécessaire *m/f*	notwendig, nötig

Exercice 1

la crème	Creme, Süßspeise
la lessive	Waschmittel
le savon	Seife
la cigarette	Zigarette
le cigare	Zigarre
la moto *ugs*	Motorrad

l'eau de toilette	Eau de toilette
le parfum	Parfüm
puissant,e	stark, kräftig
intelligent,e	intelligent

Exercice 2

l'adverbe *m*	Adverb
le déodorant	Deodorant
le monologue	Monolog

Exercice 3

le consommateur	Verbraucher
certain,e	sicher, gewiß
évident,e	offensichtlich
absolu,e	absolut

Exercice 4

le slogan	Schlagwort, Slogan
à l'aide de	mit Hilfe von
l'aide *f*	Hilfe
rapide *m/f*	schnell
l'ordinateur *m*	Computer, Rechner
la machine à écrire	Schreibmaschine
inventer	erfinden
être étonné,e	erstaunt sein
profiter de qch	von etw profitieren, etw nutzen

Situation 2

tenir bon	durchhalten
le bureau de tabac	Tabakladen
continuer à fumer	weiter(hin) rauchen
efficace *m/f*	wirksam
grâce à	dank
croire à qch	an etw glauben

Exercice 5

remettre qch dans le bon ordre	etw wieder in die richtige Reihenfolge bringen
s'aider de qch	etw benutzen, verwenden
le triangle	Dreieck
la colonne	Kolonne
j'ai demandé son avis à mon médecin	ich habe meinen Arzt gefragt, was er davon hält
conseiller qch à qn	jdm (zu) etw raten
faire passer l'envie de qch à qn	jdm die Lust an etw vergehen lassen

Situation 3

inadmissible	unzulässig
n'est-ce pas?	nicht wahr?
satisfait,e	zufrieden
rembourser qn (de qch)	jdm (etw) zurückerstatten, vergüten
je veux être remboursé,e	ich will mein Geld zurückhaben
bouger	*hier:* sich verändern
le lavage	Wäsche
garantir qch à qn	jdm etw garantieren
la beauté	Schönheit
les lainages *m*	Wollsachen, -waren

Exercice 6

se servir de qch	etw benutzen, verwenden, s. einer Sache bedienen
faire confiance à qn	jdm vertrauen
la confiance	Vertrauen
compter sur qn	mit jdm rechnen, sich auf jdn verlassen
le connaisseur	Kenner
la meilleure affaire	das beste, günstigste Geschäft
vous êtes bien servis	Sie werden gut bedient
servir qn	jdn bedienen

Exercice 7

la réclamation	Reklamation
rétrécir	einlaufen, eingehen
en promotion	im Sonderangebot
supérieur,e	besser; höher
exprimer qch	etw ausdrücken
le mécontentement	Unzufriedenheit
le tableau	Tafel; Schema
regrettable *m/f*	bedauerlich
incompréhensible *m/f*	unverständlich
intolérable *m/f*	unerträglich
insupportable *m/f*	unerträglich
révoltant,e	empörend

le vol	Diebstahl
mécontent,e	unzufrieden
je suis furieux!	ich bin außer mir!
furieux,-se	wütend
le rabais	Nachlaß, Rabatt

L'avis du spécialiste

la revue	Zeitschrift
s'entretenir avec qn	sich mit jdm unterhalten
l'agence de publicité	Werbeagentur
se passer de qch	ohne etw auskommen, auf etw verzichten
ceux qui	diejenigen, die
aristocratique *m/f*	aristokratisch
informer	informieren
tourner le dos à	den Rücken zukehren
rendre qch plus agréable	etwas angenehmer machen
de diverses manières	auf vielerlei Arten
divers,e	verschieden(artig)
le réfrigérateur	Kühlschrank
le téléviseur	Fernsehgerät
diriger	leiten
être dans les affaires	Geschäftsmann sein
le fabricant	Fabrikant
augmenter	steigen, zunehmen; steigern
dans quelles proportions?	in welchem Ausmaß?
la proportion	Proportion, Verhältnis
l'actionnaire *m/f*	Aktionär(in)
il lui faut	er braucht
c'est à moi de	es ist meine Aufgabe zu
la vérité	Wahrheit
stupide *m/f*	dumm
l'intelligence *f*	Intelligenz

Exercice 9

jugez qch bon	etw für gut halten
supprimer	unterdrücken
l'aspect *m*	Aspekt, Seite

Les trompettes d'Aïda

la trompette	Trompete
le saucisson	Wurst
ce mois-ci	diesen Monat
résister à	widerstehen
la maison de poupée	Puppenhaus
la poupée	Puppe
le plat principal	Hauptgericht
principal,e	hauptsächlich, Haupt-
la boîte aux lettres	Briefkasten
apparaître	erscheinen, auftauchen
le ticket	Abschnitt, Gutschein; (Bus-, Metro-)Fahrkarte
le yaourt	Joghurt
rapporter	mitbringen
celles de	die(jenigen) des/der
la sirène	Sirene
le jeu de mots	Wortspiel
les quatre règles d'or	die vier goldenen Regeln
la règle	Regel
l'intérêt *m*	Interesse
le désir	Wunsch, Verlangen
l'achat *m*	Kauf
l'opération *f*	Schritt, Operation
la recherche	Untersuchung; Forschung
se porter sur	sich erstrecken auf
l'objet *m*	Gegenstand, Objekt
éveiller	wecken
l'hésitation *f*	Hemmung; Zögern
(in)volontaire *m/f*	(un)freiwillig
l'acheteur *m*	Käufer
la forme	Form
l'histoire *f*	Geschichte, Story
la page	Seite
le magazine	Zeitschrift, Magazin
l'effet *m*	Auswirkung
la campagne publicitaire	Werbekampagne
la question . . . c'est de savoir si	die Frage . . . ist die, ob
être au service de qn/qch	jdm/einer Sache nutzen, zugute kommen
faire faire qch	etw machen lassen
l'information *f*	Information
la nécessité	Notwendigkeit

en fait	tatsächlich
le public	Publikum
surinformé,e	überinformiert

Exercice 11

la grille	Gitter
de haut en bas	von oben nach unten
la réflexion	Überlegung, Nachdenken
l'action *f*	Handlung, Tat
l'utilisateur,-trice	Benutzer(in)
l'utilisation *f*	Benutzung
produire	produzieren, hervorbringen
le/la producteur, -trice	Produzent(in), Erzeuger(in)
fabriquer	herstellen, produzieren
la fabrication	Herstellung, Fabrikation

Exercice 12

l'influence *f*	Einfluß

Dossier 6

Situation 1

la francophonie	*Gemeinschaft der Französischsprechenden*
celui, celle *Pron*	der-, die-, dasjenige
regrouper	umfassen
wallon,ne	wallonisch
les Suisses romands	die französischsprechenden Schweizer
le Suisse, la Suissesse	Schweizer(in)
romand,e	französischsprechend *(in der Schweiz)*
le/la Québécois,e	Bewohner(in) von Quebec
ceux, celles *Pron*	diejenigen
la langue officielle	Amtssprache
officiel,le	offiziell
la Mauritanie	Mauretanien
l'Afrique Noire *f*	Schwarzafrika
le Sénégal	Senegal
la Côte-d'Ivoire	Elfenbeinküste
la Haute-Volta	Obervolta
le Dahomey	Dahomey, Benin
le Niger	Niger
le Mali	Mali
fort,e	stark, kräftig
le Maghreb	*Sammelbezeichnung für Marokko, Algerien und Tunesien*
le Liban	Libanon
concerner	betreffen, angehen

Exercice 1

précédent,e	vorhergehend
la colonie	Kolonie
le Québec	Quebec
l'Algérie *f*	Algerien
le/la Sénégalais,e	Senegalese/-in
le Togo	Togo
le/la Togolais,e	Togolese/-in
le Zaïre	Zaire
le/la Zaïrois,e	Bewohner(in) von Zaire
le Congo	Kongo
le/la Congolais,e	Kongolese/-in
le Viêt-nam	Vietnam
le/la Vietnamien,ne	Vietnamese/-in
le Cambodge	Kambodscha
le/la Cambodgien,ne	Kambodschaner(in)

Exercice 2

le tirage	Auflage
le double	das Doppelte
le triple	das Dreifache
le tiers	Drittel
tirer à . . . (exemplaires)	eine Auflage von . . . (Exemplaren) haben
l'exemplaire *m*	Exemplar

Situation 2

le festival	Festival, Festwochen, -spiele
quinze jours	vierzehn Tage
sous le (haut) patronage de	unter der Schirmherrschaft von
haut,e	hoch
le président	(Staats-)Präsident
l'artiste *m/f*	Künstler(in)
le créateur	Kunstschaffender
africain,e	afrikanisch
canadien,ne	kanadisch
haïtien,ne	haitianisch, haitisch
acadien,ne	von Akadien *(ehem. franz. Kolonie auf dem Gebiet des heutigen Neubraunschweig und Neuschottland)*
la Louisiane	Louisiana
l'œuvre *f*	Werk
dans le domaine de	auf dem Gebiet des/der
la littérature	Literatur
se faire connaître	bekannt werden
rassurer qn	jdm Mut machen
croire en qch	fest an etw glauben
cependant	jedoch, indessen
s'exprimer dans une langue	sich in einer Sprache ausdrücken
s'apercevoir de qch	etw bemerken
le moyen d'expression	Ausdrucksmittel

X

Exercice 3

en pleine forêt	mitten im Wald
plein,e	voll; völlig
le diplomate	Diplomat
la tempête	Unwetter
retourner qch	etw umstürzen, umdrehen
le dégât	Schaden, Verwüstung
le champ	Feld
la canne à sucre	Zuckerrohr
la campagne électorale	Wahlkampf
électoral,e	Wahl-
indépendant,e	unabhängig

l'écrivain *m*	Schriftsteller
le prix littéraire	Literaturpreis
littéraire *m/f*	literarisch, Literatur-
les études *f* **de droit**	Jurastudium
l'arabe *m*	Arabisch
les sciences *f*	Naturwissenschaften
le Président de la République Française	der französische Staatspräsident
la Nouvelle-Calédonie	Neukaledonien
l'accueil *m*	Empfang, Aufnahme

Situation 3

le wolof	Wolof
remplacer	ersetzen
ni . . . ni	weder . . . noch
souhaitable	wünschenswert
la génération	Generation
l'instrument *m*	Werkzeug; Instrument
la technique	Technik

Exercice 4

l'espéranto *m*	Esperanto
imposer qch à qn	jdm etw aufzwingen
le peuple	Volk
renoncer à qch	auf etw verzichten
le régionalisme	Regionalismus, regionale Ausdrucksweise
superflu,e	überflüssig

Langue et culture

gentiment *Adv*	freundlicherweise
gentil,le	nett, liebenswürdig
vous êtes de nationalité sénégalaise	Sie sind Senegalese
le cinéaste	Filmemacher
maintenir	festhalten; aufrechterhalten
la culture	Kultur
le nationalisme	nationale Eigenständigkeit, Nationalismus

la façon	Art und Weise
codifier	kodifizieren
l'analphabète *m*	Analphabet
propre *m/f*	eigen
retourner	zurückkehren
orgueilleux,-se	stolz
comment ça?	wieso das?
le chinois	Chinesisch
plutôt que	eher . . . als
le haoussa	Haussa
le pular	Ful, Pular
la codification	Kodifizierung
l'étape	Stadium, Stufe
dans un premier temps	zunächst
développer	entwickeln
en théorie	theoretisch
la théorie	Theorie
l'alphabétisation *f*	Alphabetisierung
le téléspectateur	Fernsehzuschauer
la classe expérimentale	Versuchsklasse
expérimental, e	experimentell, Versuchs-
fonctionner	funktionieren
l'importance *f*	Bedeutung, Wichtigkeit
de toute première importance	von allergrößter Wichtigkeit
la civilisation	Kultur, Zivilisation
dialoguer	miteinander reden
le/la Grec,que	Grieche/-in
j'ai la mienne	ich habe meine
le/la mien,ne	der, die, das meinige
le continent	Kontinent

Exercice 6

la colonisation	Kolonisation, Kolonisierung

Qui parlera français en l'an 2000?

au fil de	im Laufe des/der
la présence	Anwesenheit, Gegenwart
les terres *f*	Länder
le globe	Erdball; Globus
le développement	Entwicklung
à travers	(quer) durch
l'anglophone *m*	der Englischsprachige
le germanophone	der Deutschsprachige
être dispersé,e	verstreut sein
les Antilles *f*	Antillen
l'Etat *m*	Staat
l'Océan Indien *m*	Indischer Ozean
l'Océanie *f*	Ozeanien
le total	Gesamtsumme
tenir	innehaben, haben; halten
l'arabisation *f*	Arabisierung
la statistique	Statistik
réaliste *m/f*	realistisch
réellement *Adv*	wirklich, tatsächlich
inscrit, e	eingeschrieben
une Grande Ecole	*französische Elitehochschule*
le pourcentage	Prozentsatz
la langue d'usage	Verkehrssprache
relativement *Adv*	verhältnismäßig, relativ
élevé,e	hoch, groß
la tribune	Tribüne, Forum
les Nations-Unies *f*	die Vereinten Nationen
la variété	Verschiedenheit, Mannigfaltigkeit
la diversité	Verschiedenheit, Unterschiedlichkeit
la marque	(Kenn-)Zeichen
colonial, e	kolonial
s'éteindre	verschwinden, erlöschen
une raison de plus	ein Grund mehr

Exercice 8

le dictionnaire	Wörterbuch
ci-joint	beigefügt
traduire en français	ins Französische übersetzen
le créole	das Kreolische *(auf den Antillen gesprochene Mischsprache)*
se renverser	sich überschlagen
le chauffeur	Chauffeur

Dossier 7

Situation 1

le facteur	Briefträger
dont vous avez entendu parler	von dem Sie gehört haben
la Drôme	*Departement im Südwesten Frankreichs*
le fonctionnaire des PTT	Postbeamter
les PTT = Postes, Télégraphes, Téléphones	*franz. Staatspost*
consacrer	widmen, verwenden
réaliser	verwirklichen
la construction	Bauwerk, Bau; Konstruktion
naïf,-ve	naiv
monumental,e	monumental
le palais	Palast
la pierre	Stein
ramener	mitbringen
chez lui	nach Hause
la tournée	Runde; Tournee
le contraste	Kontrast, Gegensatz
routinier,-ère	routinemäßig
créateur,-trice	schöpferisch
le sens	Sinn

Exercice 1

le repos	Ruhe, Erholung

Exercice 2

le genre	Art, Sorte
la comédie musicale	Musical
la comédie	Komödie
musical,e	musikalisch, Musik-
le documentaire	Dokumentarfilm
historique *m/f*	historisch
l'espionnage *m*	Spionage
le film d'horreur	Horrorfilm
l'horreur *f*	Schrecken, Entsetzen
le drame psychologique	psychologischer Film
les dessins animés	Zeichentrickfilm
le dessin	Zeichnung; Zeichnen
animé,e	belebt, lebendig

Situation 2

l'auberge *f*	Landgasthaus
ça ne répond pas	es meldet sich niemand
pareil,le	gleich, ähnlich
la balade *(ugs für: promenade)*	Spaziergang
la digestion	Verdauung
ça manque d'imagination tout ça	das ist doch alles recht phantasielos
l'imagination *f*	Vorstellungskraft, Phantasie
le changement	Veränderung, Abwechslung
se balader *ugs*	spazierengehen
le quai	Uferdamm, -straße
le bouquiniste	Antiquariatsbuchhändler
le croque-monsieur *uv*	Toast *(mit Schinken und Käse)*
comme quand	(so)wie damals als
faire la cour à qn	jdm den Hof machen

Exercice 4

à la place	statt dessen
se déplacer	weggehen, -fahren
quelque part	irgendwo(hin)
la caractéristique	Eigenschaft
exister	existieren
le comportement	Verhalten
pratiquer qch	etw ausüben
le music-hall	Variété(theater)
l'opérette *f*	Operette
la lecture	Lektüre
le pique-nique	Picknick
le salon	Ausstellung
le zoo	Zoo
le parc	Park
l'antiquaire *m/f*	Antiquitätenhändler(in)
le cirque	Zirkus
le ballet	Ballett

Situation 3

sonner	klingeln, läuten
enchanté,e!	angenehm!
l'installation *f*	Einrichtung, Einrichten
couci-couça *ugs*	soso, lala
la tapisserie	Tapezieren
la décoration	Ausstattung Ausstatten
aménager	einrichten
qui est-ce qui	wer
l'étagère *f*	Regal
lequel, laquelle *Pron*	welcher,-e,-es
au hasard	auf gut Glück
le hasard	Zufall
je fais tout moi-même	ich mache alles selbst
j'adore bricoler	ich bastle liebend gern
adorer	*hier:* furchtbar gern mögen
distraire	zerstreuen
admirer	bewundern

Exercice 5

lesquels, lesquelles *Pron*	welche
la catégorie	Kategorie, Sorte
le bricolage	Basteln
l'économie *f*	Sparsamkeit, Wirtschaftlichkeit
faire le travail soi-même	die Arbeit selber tun

Exercice 6

prêter qch à qn	jdm etw leihen
ça vous ennuierait de	würde es Ihnen etwas ausmachen zu
par hasard	zufällig
la perceuse	Bohrer
la cheville	Dübel
la scie	Säge
la pelle	Schaufel
la colle	Klebstoff
les pinces *f*	Zange
les ciseaux *m*	Schere

Exercice 7

refaire	erneuern, wieder machen
repeindre	neu streichen
se renseigner auprès de qn	sich bei jdm erkundigen
le matériel	Material
se procurer qch	sich etw besorgen, beschaffen
le lieu	Ort, Stelle
se rendre	sich begeben
les heures d'ouverture	Öffnungszeiten
l'ouverture *f*	Öffnung

Un Dimanche sans télé

la direction	Leitung
l'extrait *m*	Auszug, Extrakt
le maçon	Maurer
à la retraite	im Ruhestand
être en grève	streiken
faire la sieste	ein Mittagsschläfchen halten
le bistrot *ugs*	Wirtschaft, Wirtshaus
la belote	*Kartenspiel mit 32 Karten*
la paix des ménages	Ehefrieden
tourner en rond	sich im Kreis drehen, sich langweilen
le divorce	Scheidung
éducatif,-ve	erzieherisch
faire du mal à qn	jdm schaden, weh tun
(ne . . .) pas grand-chose	nicht viel
la routine	Routine
la drogue	Droge, Rauschgift
je suis un,e drogué,e de l'image	ich bin bildersüchtig

Exercice 8

syndical,e	gewerkschaftlich
la panne	Panne
technique *m/f*	technisch
interviewer qn	jdn interviewen, befragen

Exercice 9

empêcher qn de faire qch	jdn daran hindern, etw zu tun
le rythme de vie	Lebensrhythmus
l'impression *f*	Eindruck
le sketch	Sketch, kurze Szene
annoncer	ankündigen
détester	verabscheuen, überhaupt nicht mögen
suggérer qch à qn	jdm etw vorschlagen
le point de vue	Gesichtspunkt
le contenu	Inhalt
le divertissement	Unterhaltung
le reportage sportif	Sportreportage
l'art *m*	Kunst
le débat	Debatte, Diskussion
religieux,-se	religiös

Le coin des loisirs

graphique *m/f*	graphisch
audio-visuel,le	audio-visuell
artisanal,e	handwerklich
corporel,le	körperlich
raisonnable *m/f*	vernünftig
créatif,-ve	kreativ, schöpferisch
le chant choral	Chorsingen
la reliure	Bücherbinden; Einband
également *Adv*	ebenfalls, ebenso
l'académie *f*	Akademie
la cuisine de base	einfache Küche
le bridge	Bridge
les claquettes *f*	Steptanz
tout au long de	die/das/den ganze/n . . . hindurch, entlang
au choix	nach Wahl
l'atelier *m*	Werkstatt, Atelier
la pose du papier	Anbringen des Papiers
le bois	Holz
le métal	Metall
la poterie	Töpferei
les meubles de style	Stilmöbel
l'animateur,-trice	Gruppenleiter(in)
l'association *f*	Vereinigung
le sentier	Pfad
bénévole *m/f*	ehrenamtlich
l'handicapé,e physique	der/die körperlich Behinderte
le/la lecteur,-trice	Leser(in)
occuper	ausfüllen, beschäftigen
le Ballon d'Alsace	Großer Belchen
monter	hinaufsteigen, -fahren
au pied de	am Fuße des/der
régulièrement *Adv*	regelmäßig
se presser	sich beeilen
le paysage	Landschaft
l'élève *m/f*	Schüler(in)
C.E.S. = Collège d'enseignement secondaire	*entspricht der Sekundarstufe I*
le parcours	Wegstrecke
la gymnastique	Gymnastik
la plaquette	Schildchen, Plakette
hollandais,e	holländisch
rétro(grade) *m/f*	altmodisch
authentique	echt, authentisch
la bicyclette	Fahrrad
joyeux,-se	fröhlich
la solidité	Strapazierfähigkeit, Gediegenheit
la sensation	Gefühl, Empfindung
procurer	vermitteln, geben

Exercice 11

en matière de	im Bereich des/der
gratuit,e	kostenlos, umsonst
lointain,e	fern
influencer	beeinflussen
la pratique	Ausübung
éprouver qch	etw empfinden
redécouvrir	wiederentdecken
purement *Adv*	rein
le type	Typ(us), Art
le cycliste	Radfahrer

Exercice 12

les modalités *f*	Bedingungen
la participation	Teilnahme
s'adresser à	sich wenden an
par écrit	schriftlich
être intéressé,e par	sich interessieren für
la manifestation culturelle	kulturelle Veranstaltung

Dossier 8

Situation 1

la villa Villa
le jardin d'en face der Garten gegenüber
la tour Turm
le béton Beton
de 20 mètres de haut von 20 Metern Höhe
le promoteur Bauträger, -herr
le volet Fensterladen

Exercice 1

avant-hier vorgestern
la grand-rue Hauptstraße
protester protestieren
la zone piétonne Fußgängerzone
le numéro Ausgabe
le beau-frère Schwager

Exercice 2

observer beobachten
relever herausstellen, hervorheben
la transformation Veränderung

Situation 2

la démarche Schritt, Maßnahme
le service Dienststelle
l'association de défense Bürgerinitiative
la défense Verteidigung
l'élection *f* Wahl
l'avion postal Postflugzeug
postal,e postalisch, Post-
à l'extérieur de außerhalb von
le centre-ville Stadtmitte
limiter begrenzen, einschränken
rien n'a été fait nichts ist geschehen
l'inaction *f* Untätigkeit
régionale,e regional
l'écho *m* Echo
la plaine Ebene
publier veröffentlichen
la pétition Petition
l'édition *f* Ausgabe
en l'absence de bei Ausbleiben von, in Abwesenheit von

Exercice 3

interdire verbieten, untersagen
stationner parken
le feu passe au vert die Ampel springt auf grün um
sentir bon/mauvais gut/schlecht riechen
assurer versichern
le sens Richtung
le parking souterrain Tiefgarage
souterrain,e unterirdisch
installer errichten, bauen; einrichten
mettre la rue en sens unique die Straße zur Einbahnstraße machen
unique *m/f* einzig, alleinig
placer anlegen; stellen, setzen, legen
agrandir vergrößern
le carrefour Kreuzung
élargir verbreitern, erweitern

Le petit jardin

le Métropolitain *alte Bezeichnung für* **métro**
la chaise de jardin Gartenstuhl
le pommier Apfelbaum
le sapin Tanne
au fond de hinten in
la cour Hof
la chaussée Straße, Fahrbahn
le revers Revers
le veston Jacke, Sakko
la voix Stimme
de grâce bitte
préserver schützen, bewahren
la grâce Anmut
couper (ab)schneiden
le rouge-gorge Rotkehlchen

rangé,e	aufgereiht, aufgestellt
le parpaing	Steinblock
l'automobile *f*	Automobil
urbain,e	städtisch, Stadt-
bis	zweimal

Exercice 4

dessiner	zeichnen
au sujet de	über

Exercice 5

le jardinier	Gärtner
l'oiseau *m*	Vogel
le parfum	Duft
la mauvaise odeur	Gestank
l'odeur *f*	Geruch
la fumée	Rauch
la contrainte	Zwang, Verpflichtung

Situation 3

mais dites!	sagen Sie nur!
il n'a pas bonne mine	er sieht nicht gut aus
sans arrêt	pausenlos
se compliquer	sich verschlimmern
la classe de neige	*Art Landschulheim mit Wintersport*
la neige	Schnee
l'air *m*	Luft
naturel,le	natürlich
biologique *m/f*	biologisch
le colorant	Farbstoff

Exercice 6

mettre qn en garde	jdn warnen
brûler	verbrennen
l'arrière-cour *f*	Hinterhof
faire marcher sa moto	sein Motorrad laufen lassen
garer	abstellen
fermé,e à clé	abgeschlossen
déplacer qch	etw verlegen, verrücken
dehors	draußen
aboyer	bellen
le locataire	Mieter
je vous préviens!	ich warne Sie!
ça suffit!	das reicht!
suffire	(aus)reichen
incroyable *m/f*	unglaublich
réunir	versammeln, zusammenrufen
le comité	Ausschuß

Situation 4

la centrale nucléaire	Atom-, Kernkraftwerk
tuer	töten
les économies *f*	Einsparungen, Ersparnisse
l'énergie *f*	Energie
le secteur	Bereich, Sektor
consulter qn	jdn (um Rat) fragen
adapté,e à	angemessen, angepaßt
économiser	(ein)sparen
l'effort *m*	Anstrengung, Bemühung
commun,e	gemeinsam
le pétrole	Erdöl
provenir de	stammen, kommen aus
l'importation *f*	Import

Exercice 7

l'illustrations *f*	Illustration, Illustrierung
spécifique *m/f*	eigen(tümlich), spezifisch

Changer la vie

curieux,-se	eigenartig, seltsam
plein de	eine Menge
sentir qch	etw fühlen, empfinden
la salle des fêtes	Festsaal
revenir	wiederkommen, zurückkehren
l'instituteur/-trice	(Grundschul-) Lehrer(in)

en retraite	im Ruhestand, pensioniert
se laisser prendre par	sich einwickeln lassen von
anarchique *m/f*	anarchisch
le dortoir	Schlafsaal
une vingtaine (de)	etwa zwanzig
peindre	malen; anstreichen
faire voter qch	über etw abstimmen lassen
le toit	Dach
plat,e	flach, eben
être en harmonie avec qch/qn	mit etw/jdm harmonieren
l'harmonie *f*	Harmonie
le climat	Klima
pointu,e	spitz
l'autorisation *f*	Genehmigung
neuf,-ve	neu
le fuel	Heizöl
l'écologiste *m*	Umweltschützer, Ökologe
solaire *m/f*	Sonnen-
faire des économies	sparen
la pollution	Verschmutzung, Verseuchung
adopté,e à l'unanimité	einstimmig angenommen
l'unanimité *f*	Einstimmigkeit, Einmütigkeit
chimique *m/f*	chemisch
détruire	vernichten, zerstören
la mauvaise herbe	Unkraut
applaudir	Beifall klatschen, applaudieren
amoureux,-se de	Liebhaber(in) von; verliebt in
la richesse	Reichtum
la plante	Pflanze
le pouvoir	Macht
la lutte	Kampf
la chasse	Jagd
le territoire	Gebiet

Exercice 8

animer	beleben, in Schwung bringen

Exercice 9

l'environnement *m*	Umgebung, Umwelt
la protestation	Protest
l'aéroport *m*	Flughafen
le propriétaire	Vermieter, Eigentümer

Exercice 10

à votre place	an Ihrer Stelle
le grand air	frische Luft
là-haut	(da) oben

Exercice 11

l'installation *f*	Errichtung
prendre une décision	eine Entscheidung treffen
combattre	bekämpfen
améliorer	verbessern
le cadre de vie	Lebensbedingungen
le cadre	Rahmen

Exercice 12

l'énervement *m*	Aufregung
bourré,e	vollgestopft
le trajet	Fahrt *(zum Arbeitsplatz)*
l'espace *m*	Fläche, Raum
vicié,e	verdorben, verbraucht
s'asphyxier	ersticken
la voie-express	Schnellstraße
l'esclave *m*	Sklave
le profit	Profit, Gewinn
quelques-uns, -unes	einige
étouffer	ersticken
le pétrolier	Ölmagnat; Öltanker
le constructeur d'automobiles	Automobilhersteller
l'échelle *f*	Maßstab
le symbole	Symbol
écologique *m/f*	ökologisch

Dossier 9

Situation 1

la radio pirate	Piratensender
le pirate	Pirat
l'Auvergnat,e	Bewohner(in) der Auvergne
Clermont-Ferrand	*Stadt im nördl. Zentralmassiv, ehem. Hauptstadt der Auvergne*
puisque	da
l'administration *f*	Verwaltung
central,e	zentral
les autorités *f*	Behörden
le premier ministre	Premierminister, Ministerpräsident
l'Assemblée Nationale *f*	Nationalversammlung *(franz. Parlament)*
le sénat	Senat
le parlement	Parlament
la nation	Nation
le préfet	Präfekt
le sous-préfet	Unterpräfekt
le département	Departement
l'électeur,-trice	Wähler(in)

Exercice 1

la tendance	Richtung, Tendenz
le contrôle	Kontrolle
l'organisme *m*	(Dienst-) Stelle, Körperschaft
causer *(ugs für: parler)*	reden
le député	Abgeordneter
démocrate *m/f*	demokratisch

Exercice 2

la revendication	Forderung

Situation 2

Mesdames	meine Damen
la séance	Sitzung
nulle part	nirgendwo
l'itinéraire *m*	Strecke, Verlauf, Weg
logique *m/f*	logisch
l'Electricité de France *(Abk:* **EdF***)*	*franz. staatl. Elektrizitätsgesellschaft*
prendre l'avis de qn	jdn nach seiner Meinung fragen
dans ces conditions	unter diesen Bedingungen
remettre sa démission	seinen Rücktritt einreichen
dès demain	morgen noch
la répartition	Verteilung
la compétence	Kompetenz, Zuständigkeit
l'urbanisme *m*	Städtebau
le dispensaire	Ambulanz
responsable *m/f* **de**	verantwortlich für
local,e	örtlich

Exercice 3

la manifestation	Demonstration
corse *m/f*	korsisch
il n'arrive pas à s'habituer à . . .	es gelingt ihm nicht, sich an . . . zu gewöhnen
l'Alsace *f*	Elsaß
violent,e	heftig, gewalttätig
le/la mort,e	der/die Tote
le viticulteur	Weinbauer
le Languedoc	*Gegend zwischen dem Zentralmassiv und den Pyrenäen*
verser	schütten, ausgießen
tenir parole	Wort halten
l'implantation *f*	Ansiedlung
le Finistère	*Departement im Norden der Bretagne*
à nouveau	von neuem
pollué,e	verseucht, verschmutzt
le mouton	Schaf
le Larzac	*Gegend im Süden des Zentralmassivs*
le ministère	Ministerium
l'agriculture *f*	Landwirtschaft

Exercice 4

démissionner	zurücktreten
régionaliste *m/f*	regionalistisch
les pouvoirs *m*	Befugnisse

Situation 3

Louis XIV	Ludwig XIV. *(franz. König, 1638-1715)*
Versailles	*Stadt bei Paris, bekannt wegen des Schlosses, das unter Ludwig XIV. gebaut wurde*
obéissant,e	gehorsam
travailleur,-euse	arbeitsam
la terre	Land, Erde
a été occupé,e	ist besetzt worden
sali,e	verschmutzt, beschmutzt
parler patois	Dialekt sprechen
la ducasse	Kirmes *(in Nordfrankreich und Belgien)*

Exercice 5

défavorisé,e	benachteiligt
pour quelle raison	aus welchem Grund

Le réveil des Flamands

le réveil	Erwachen
le/la Flamand,e	Flame, Flämin
lillois,e	aus Lille
le/la Lyonnais,e	Bewohner(in) von Lyon
la Flandre	franz. Flandern
la racine	Wurzel
profond,e	tief
avoir honte de	sich schämen wegen
la honte	Scham(gefühl); Schande
l'interlocuteur,-trice	Gesprächspartner(in)
sourire	lächeln
le siècle	Jahrhundert
Lille	*Industriestadt in Nordfrankreich*
Dunkerque	Dünkirchen *(franz. Hafenstadt am Kanal)*
baisser la tête	sich ducken
se réveiller	erwachen, aufwachen
retrouver	wiederfinden
le folklore	Folklore, Brauchtum
le vlamsch	*fläm. Bezeichnung für* **flamand**
le dialecte	Dialekt, Mundart
le centralisme	Zentralismus, Zentralgewalt
cracher par terre	auf den Boden spucken
être conservateur,-trice	konservativ sein
la bande	Gruppe; Bande
le conseiller municipal	Stadt-, Gemeinderat
parler fort	*hier:* seine Meinung sagen
Hazebrouck	*Stadt im Arrondissement Dünkirchen*
l'université populaire	Volkshochschule
être séparatiste *m/f*	Separatist sein
restaurer	restaurieren
la chapelle	Kapelle
avoir les pieds sur terre	mit beiden Beinen auf der Erde stehen
l'avenir *m*	Zukunft
depuis des dizaines d'années	seit Jahrzehnten
la mono-industrie	*einseitige Industriestruktur*

Exercice 6

de moins en moins	immer weniger

Sept minorités en France

l'enfance *f*	Kindheit
plus ou moins	mehr oder weniger
l'hexagone *m*	Sechseck
l'unité *f*	Einheit
le roi	König
conserver	bewahren
le/la Catalan,e	Katalane,-in
le Pays Catalan	franz. Katalonien
le Roussillon	*Gegend um Perpignan herum*
le/la Basque	Baske/-in

les Pyrénées Atlantiques	*Departement im Südwesten Frankreichs*
proche *m/f*	nahe
l'Irlande *f*	Irland
le Pays de Galles	Wales
l'arrondissement *m*	Arrondissement *(Unterbezirk eines Departements)*
néerlandais,e	niederländisch
l'Alsacien,ne	Elsässer(in)
être décidé,e à faire qch	entschlossen sein, etw zu tun
sacrifier qch	etw opfern
linguistique *m/f*	sprachlich
contester qch à qn	jdm etw streitigmachen
l'Occitan,e	Bewohner(in) von Okzitanien
l'Occitanie *f*	Okzitanien
être fier/fière de	stolz sein auf
latin,e	lateinisch
le citoyen	Bürger
égal,e	gleich
reculer	zurückgehen, -weichen
perpétuellement *Adv*	ständig
punir	bestrafen
revivre	wiederaufleben
la démocratie	Demokratie
libéral,e	liberal
la renaissance	Renaissance, Wiederaufleben
a été accéléré,e par	ist beschleunigt worden durch
avoir tendance à	dazu tendieren
se confondre avec	sich vermischen mit
la rivière	Fluß
propre *m/f*	sauber
antinucléaire *m/f*	der Kernkraftgegner
l'autogestion *f*	Selbstverwaltung
conduire	führen
prêter l'oreille à qch/qn	einer Sache/jdm sein Ohr leihen

Exercice 10

la particularité	Besonderheit
la coutume	Brauch
réapparaître	wiederauftauchen
être tradionaliste *m/f*	Traditionalist sein
redevenir grand,e	wieder groß werden
debout *Adv*	aufrecht, stehend

Dossier 10

Situation 1

entretenir	unterhalten
surtout si	vor allem wenn
CAP = Certificat d'aptitude professionnelle	*Zeugnis für eine abgeschlossene Berufsausbildung*
le/la mécanicien,ne	Mechaniker(in)
la mentalité	Mentalität
comme si	als ob
le motard	Motorradfahrer
même si	selbst wenn
le centimètre cube	Kubikzentimeter
rendre service à qn	jdm einen Dienst erweisen, einen Gefallen tun
dépanner qn *ugs*	jdm aus der Patsche helfen
la sorte	Art
croiser qn	jdm begegnen, über den Weg laufen
le signe	Zeichen

Exercice 1

gros,se	*hier:* groß, (leistungs)-stark
(im)prudent,e	(un)vorsichtig, (un)klug
saluer qn	jdn (be)grüßen
le risque	Risiko
se répare facilement	läßt sich leicht reparieren
revenir cher	teuer werden, teuer zu stehen kommen
la mécanique	Mechanik
le casque	(Schutz-)Helm
l'équipement *m*	Ausrüstung

Exercice 2

réagir	reagieren
le delta plane	Drachenfluggerät
les patins *m* **(à roulettes)**	Rollschuhe
les patins (à glace)	Schlittschuhe
réclamer	fordern, reklamieren

Situation 2

la science	Wissenschaft
l'atome *m*	Atom
la bombe	Bombe
se révolter	aufbegehren
claquer la porte	die Tür zuschlagen
l'écoute *f*	Gehör
se transformer en	sich verwandeln in
le socialisme	Sozialismus
flou,e	verschwommen, unscharf
généreux, -se	großzügig
l'inégalité *f*	Ungleichheit

Exercice 3

le scientifique	Wissenschaftler
protéger	(be)schützen

Situation 3

l'argot *m*	Argot, Jargon
le lexique	Wörterbuch, -verzeichnis
vide *m/f*	leer
la valeur	Wert
sûr,e de soi	selbstsicher
idiot,e	idiotisch, dumm
remarquable *m/f*	bemerkenswert
souffrir	leiden

Situation 4

la caserne	Kaserne
l'objecteur *m* **de conscience**	Wehrdienstverweigerer
signaler qch à qn	jdn auf etw hinweisen
le service militaire	Wehrdienst
la violence	Gewalt
l'obligation *f*	Verpflichtung
avertir qn de qch	jdn von etw unterrichten
le statut	Status
la commission d'enquête	Untersuchungsausschuß
moral,e	moralisch
philosophique *m/f*	philosophisch
le service national	Zivildienst
au lieu de	statt, anstelle von
la coopération	*franz. Zivildienst im Ausland*
le déserteur	Deserteur
mourir	sterben
mendier sa vie	sein Leben durch Betteln verdienen
obéir	gehorchen

Dialogue de sourds?

sourd,e	taub
la relation	Beziehung
la série	Reihe, Serie
le whisky	Whisky
sévère *m/f*	streng
faire l'amour	miteinander schlafen
se droguer	Rauschgift nehmen
à part	abgesehen von
l'autorité *f*	Autorität
la liberté, ça se mérite	die Freiheit, die will verdient sein
en particulier	besonders
naturellement *Adv*	selbstverständlich, natürlich
l'argent de poche	Taschengeld
le point noir	neuralgischer Punkt
l'inquiétude *f*	Besorgnis; Unruhe
conclure	schließen; schlußfolgern
l'éducateur,-trice	Erzieher(in)
le mot-clé	Schlüsselwort

Exercice 7

à l'heure actuelle	zur Zeit
actuel, le	gegenwärtig, augenblicklich
l'adolescent,e	Jugendlicher,-e

camper	zelten
il est préférable	es ist besser, es ist vorzuziehen
indulgent,e	nachsichtig
la sévérité	Strenge
l'indulgence *f*	Nachsicht
la dispute	Wortwechsel, Streit
le sujet	Thema, Gegenstand
fréquent,e	häufig
la permission de minuit	Ausgang bis um Mitternacht
la permission	Erlaubnis
mentir à qn	jdn an-, belügen

Exercice 8

céder	nachgeben; weichen
abandonner	aufgeben
gagner sa vie	seinen Lebensunterhalt verdienen
la leçon de conduite	Fahrstunde
familial,e	Familien-

Les adolescents singuliers

singulier,-ère	einzigartig
la généralité	Gemeinplatz
gêner qn	jdm lästig werden
l'individu *m*	Individuum, der Einzelne
l'original *m*	Original
le troupeau	Herde
médiocre *m/f*	mittelmäßig
s'assembler	sich versammeln
sensible *m/f*	sensibel, empfindsam
le/la camarade	Kamerad(in)
échapper à	entkommen
l'uniformité *f*	Einförmigkeit
la distraction	Vergnügung, Zerstreuung
les mœurs *m*	Verhaltensweisen, Sitten
le langage	Sprache, Art zu sprechen
apparent,e	scheinbar
la surface	Oberfläche
demeurer	bleiben, wohnen
le caractère	Charakter
l'invention *f*	Erfindung
le mercantilisme	Geschäftssinn
la discothèque	Diskothek
subir qch	etw hinnehmen, sich gefallen lassen
la loi	Gesetz
le show-business	Showgeschäft
récemment *Adv*	kürzlich, neulich
1ère A	*vorletzte Klasse des Gymnasiums*
désagréable *m/f*	unangenehm, häßlich
risible *m/f*	lächerlich
effrayant,e	erschreckend
grâce à Dieu	Gott sei Dank
sous-estimer	unterschätzen
le dogmatisme	Dogmatismus
associé,e à	verbunden, vereint mit
le snobisme	Snobismus
impressionné,e	beeindruckt
dogmatique *m/f*	dogmatisch
risquer qch	etw riskieren
être tenté,e de	versucht sein zu
apprendre qch à qn	jdn etw lehren, jdm etw beibringen
préfabriqué,e	vorgefertigt

Exercice 11

être sensible à	empfänglich sein für
précis,e	genau, präzis
posséder	besitzen

Dossier 11

Situation 1

ça y est	es ist soweit
le Loiret	*Departement um Orléans herum*
le saumon	Lachs
le jardinage	Gartenarbeit
compter faire qch	vorhaben, etw zu tun
le potager	Gemüsegarten
le gazon	Rasen
la poule	Huhn
le lapin	Kaninchen

vous aurez de quoi faire	da werden Sie ganz schön zu tun haben
d'ici là	bis dahin
terminer qch	etw beenden
l'arbuste *m*	Strauch
planter	pflanzen
pousser	wachsen

Exercice 1

prendre sa retraite	in Rente/Pension gehen
car	denn
le catalogue	Katalog
dès que	sobald

Exercice 2

le dicton	sprichwörtliche Redensart
jaloux,-se	eifersüchtig
le tigre	Tiger
rusé,e	schlau, listig
têtu,e	störrisch, dickköpfig
fidèle *m/f*	treu
l'âne *m*	Esel
le renard	Fuchs

Situation 2

pêcher	fischen, angeln
le macaroni	Makkaroni
la ligne	Angelrute
bien entendu	natürlich
vous pensez pêcher une baleine?	wollen Sie etwa einen Wal fangen?
de toutes ses forces	mit allen Kräften
la force	Kraft
terrible *m/f ugs*	toll
celui-/celle-là	der, die, das da; jener,-e,-es
mince alors! *ugs*	Donnerwetter!
le commissaire	Kampfrichter; Kommissar
ça alors! *ugs*	also so was!
admirable *m/f*	wunderbar; bewundernswert
moche *m/f ugs*	mies, schlecht, häßlich
affreux,-se	scheußlich; entsetzlich
le scandale	Skandal
horrible *m/f*	fürchterlich, schrecklich

Situation 3

le gibier	Wild
le chasseur	Jäger
la progression	Zunahme; Fortschreiten
la classe	Klasse, Schicht
le permis de chasse	Jagdschein
le fusil	Gewehr
malgré	trotz
l'opposition *f*	Widerstand, Einwand, Opposition
la compagnie	Gesellschaft, Begleitung
l'hectare *m*	Hektar

Exercice 3

chasser	jagen
le tueur	Mörder, Schlächter

Situation 4

le chat	Katze
le maître	Herr, Meister
abandonner	aussetzen, im Stich lassen
la victime	Opfer
la fermeture	Schließung, Ende
terrible *m/f*	schrecklich, furchtbar
la lâcheté	Feigheit
la cruauté	Grausamkeit
pire *m/f*	schlimmer
l'indifférence *f*	Gleichgültigkeit
dernièrement *Adv*	kürzlich
poursuivre qn	verfolgen; *hier:* jdn vor Gericht bringen
la Creuse	*Departement im Norden des Zentralmassivs*
la voie publique	öffentliche Verkehrswege
le témoin	Zeuge

d'autre part	außerdem
le jugement	Urteil
a été publié,e	ist veröffentlicht worden
le quotidien	Tageszeitung
SPA = Société Protectrice des Animaux	*franz. Tierschutzverein*
l'assistance *f*	Beistand
lancer une opération	eine Aktion in Gang setzen
Royal-Canin	*Hundefuttermarke*
Europe I	*franz. kommerzieller Rundfunksender*
en vue de	in der Absicht zu
la bourse d'échanges	Tauschbörse
l'échange *m*	Austausch
la garde	Aufsicht
le cœur léger	leichten Herzens
l'abandon *m*	*hier:* Aussetzung
a connu un grand succès	hat großen Erfolg gehabt
renouveler	wiederholen, erneuern

Exercice 4

la bête	Tier
la justice	Justiz; Gerechtigkeit

Nos animaux et nous

suite à	auf . . . hin
abondant,e	reichlich
l'auditeur,-trice	Hörer(in)
passionnant,e	aufregend, spannend
s'établir	sich entwickeln
complexe *m/f*	komplex
surprenant,e	überraschend
le compagnon	Gefährte
en gros	im großen und ganzen
se promener	spazierengehen
le substitut	Ersatz
le cocker	Cocker
le bébé	Baby
considérer qn comme qch	jdn als etw betrachten
l'être humain *m*	menschliches Wesen
le cimetière	Friedhof
le/la psychanalyste	Psychoanalytiker(in)
sortir un chien	einen Hund ausführen
le caniche	Pudel
l'Autrichien,ne	Österreicher(in)
le comportement animal	Tierverhalten
hélas	leider
se rouler	sich wälzen
la boue	Schlamm, Dreck
envers	gegenüber
servir de	dienen als
élever la voix	die Stimme erheben
battre	schlagen, prügeln
l'insulte *f*	Beleidigung
pour le meilleur et pour le pire	auf Gedeih und Verderb

Exercice 5

la ressemblance	Ähnlichkeit

Exercice 6

utilitaire *m/f*	nützlich, Nutz-
exploiter	ausbeuten
traiter	behandeln
la réserve	Reservat
le milieu	Umgebung
tondre	scheren
la queue	Schwanz
celui-/celle-ci	dieser,-e, -es
le trottoir	Geh-, Bürgersteig
le proverbe	Sprichwort

La fièvre verte

la jardinerie	Geschäft für Gartenbedarf
le rayon	Abteilung
la grande surface	Supermarkt
le grainetier	Samenhändler
l'animation *f*	Belebung

l'amateur *m*	Liebhaber, Hobby-
passer commande	bestellen
ficelé,e	eingeschnürt
la momie	Mumie
endormi,e	eingeschlafen, schlafend
la terrasse	Terrasse
fleurir	*(mit blühenden Pflanzen)* bepflanzen
la caisse	(Blumen-)Kasten
accrocher	festmachen
le pot de fleurs	Blumentopf
le souffle	Hauch; Atem
l'outil *m*	Werkzeug
semer	säen
nettoyer	säubern, reinigen
jardiner	im Garten arbeiten
le phénomène	Erscheinung, Phänomen
bourgeois,e	bürgerlich
le verger	Obstgarten
la roseraie	Rosengarten
essentiellement *Adv*	hauptsächlich, im wesentlichen
nourrir	ernähren
bouleverser	auf den Kopf stellen, umwerfen
s'élever	sich erhöhen; sich erheben
cultiver	anbauen
le chou	Kohl
modeste *m/f*	bescheiden
le géranium	Geranie
le motoculteur	Gartenfräse
l'illusion *f*	Illusion
la fuite	Flucht
une partie d'entre eux	ein Teil von ihnen
quelle que soit leur motivation *f*	was auch immer ihre Motivation ist
forcé,e	unfreiwillig
la sagesse	Weisheit
le bon sens	gesunder Menschenverstand
le progrès	Fortschritt
le secret	Geheimnis
la patience	Geduld

Exercice 7

le privilège	Privileg

Exercice 8

l'évolution *f*	Entwicklung
le passe-temps *uv*	Zeitvertreib
le garde-forestier	Waldhüter
le vétérinaire	Tierarzt
l'employé de zoo	Zoowärter

Exercice 9

la souris	Maus

Dossier 12

Situation 1

évoquer qch	die Vorstellung von etw wachrufen
discipliné,e	diszipliniert
lorsque	wenn, als
la Bavière	Bayern
le/la Tyrolien,ne	Tiroler(in)
manipuler	manipulieren
la propreté	Sauberkeit
entraîner qch	etw nach sich ziehen, zur Folge haben
l'orgueil *m*	Hochmut, Stolz
la conquête	Eroberung
garder rancune à qn	jdm etw nachtragen
la rancune	Groll, Gehässigkeit
passé,e	vergangen
jumeler une ville à une autre	eine Stadt mit einer anderen durch Städtepartnerschaft verbinden
changer d'avis	seine Meinung ändern
découvrir	entdecken
distant,e	reserviert, zurückhaltend

Exercice 1

typique *m/f* **de**	typisch für
la conclusion	Schlußfolgerung
le préjugé	Vorurteil

Situation 2

la fédération	Verband
d'une part . . . d'autre part	einerseits . . . andererseits
non seulement . . . mais aussi	nicht nur . . . sondern auch
d'âge scolaire	im schulpflichtigen Alter
le/la sportif,-ve	Sportler(in)
la discipline	Sportart, Disziplin
la peinture	Gemälde; Malerei
la sculpture	Skulptur
le/la musicien,ne	Musiker(in)
le récital	(Solo-)Konzert
le/la choriste	Chorsänger(in)
apprécier	(wert)schätzen
durable *m/f*	dauerhaft

Exercice 2

au titre de	im Rahmen von
la réalisation	Verwirklichung, Realisierung

Situation 3

occidental,e	westlich, West-
constituer	bilden
le membre	(Mit-)Glied
l'adhésion *f*	Beitritt
le Royaume-Uni	Vereinigtes Königreich
la Grèce	Griechenland
la composition	Zusammensetzung
les communistes *m*	Kommunisten
les chrétiens-démocrates *m*	Christdemokraten
les démocrates *m* **de progrès**	Fortschritts-demokraten
le siège	Sitz
la mission	Auftrag, Sendung
au nom de	im Namen von

Exercice 3

voter	wählen
la puissance	Macht
l'institution *f*	Institution
la bureaucratie	Bürokratie
supplémentaire *m/f*	zusätzlich
en priorité	in erster Linie
la priorité	Vorrang, Priorität

Situation 4

la Moselle	*Departement um Metz herum*
arrêter qn	jdn verhaften
s'évader	entweichen, (ent)fliehen
ministre des affaires étrangères	Außenminister
l'Assemblée Parlementaire	Europäisches Parlament
frapper	frappieren, beeindrucken
l'appartenance *f*	Zugehörigkeit
l'axe *f*	Achse
la mise en commun	Zusammenlegen
les ressources *f*	Bodenschätze
CECA = Communauté Européenne du Charbon et de l'Acier	EGKS = Europäische Gemeinschaft für Kohle und Stahl, Montanunion
l'acier *m*	Stahl
la réconciliation	Versöhnung
en grande partie	zum großen Teil
devoir qch à qn	jdm etw verdanken
uni,e	vereint
le Trentin	Trentin *(norditalienische Provinz um Trient herum)*
docteur ès lettres	Dr. phil.
catholique *m/f*	katholisch
Trente	Trient
la presse	Presse
élire qn député	jdn zum Abgeordneten wählen
le rattachement	Rückgliederung, Anschluß
les fascistes *m*	Faschisten
le refuge	Zuflucht
le Vatican	Vatikan
Pie XI	Pius XI. *(Papst, 1857-1939)*
le /la bibliothécaire	Bibliothekar(in)
le Comité de Libération Nationale	Nationales Befreiungskomitee
la libération	Befreiung

la Conférence de Bruxelles	Brüsseler Konferenz
l'homme d'affaires	Geschäftsmann
l'autodidacte *m/f*	Autodidakt(in)
le banquier	Bankier
nommer qn qch	jdn zu etw ernennen
le secrétaire général adjoint	stellvertretender Generalsekretär
la Société des Nations	Völkerbund
la majesté	Majestät
Alger	Algier
réorganiser	reorganisieren
moderniser	modernisieren
le pool	Pool
la Haute Autorité	Hohe Behörde
l'élargissement	Erweiterung
juriste de formation	von Beruf Jurist
le/la juriste	Jurist(in)
le nazisme	Naziherrschaft, Nazismus
emprisonner qn	jdn ins Gefängnis werfen
à la demande de	auf Wunsch/Verlangen von
le chancelier	Kanzler
la reconstruction	Wiederaufbau
être lié,e à	gebunden sein an
le rapprochement	Annäherung
la signature	Unterzeichnung; Unterschrift
le Traité de Rome	die Römischen Verträge
le Traité d'Amitié Franco-Allemande	Deutsch-Französischer Freundschaftsvertrag
la chancellerie	Kanzleramt, Kanzlerschaft
la présidence	Präsidentenamt, Präsidentschaft

Exercice 4

la fonction	Funktion

L'Allemagne dans l'Europe

l'homme politique	Politiker
le sénateur	Senatsmitglied; Senator
le secrétaire d'Etat	Staatssekretär
la marine marchande	Handelsmarine
la France d'Outre-Mer	*überseeische Besitzungen Frankreichs*
en tant que	als
au sein de	innerhalb
au lendemain de	kurz nach
l'infériorité *f*	Unterlegenheit
marqué,e	deutlich
à l'égard de	im Hinblick auf, verglichen mit
s'unir	sich einigen, sich zusammentun
le miracle économique	Wirtschaftswunder
définir	definieren
c'est une page tournée	das gehört der Vergangenheit an
l'actualité *f*	Aktualität
certes *Adv*	sicher, gewiß
l'auteur *m*	Autor
reconstruire	wiederaufbauen
attribuer qch à qn	jdm etw zuschreiben
le fait	Tatsache
la constitution	Verfassung
fédéral,e	föderalistisch, Bundes-
la concurrence	Konkurrenz
composer	bilden, zusammensetzen
le fédéralisme	Föderalismus
faible *m/f*	niedrig, schwach
le taux de chômage	Arbeitslosenquote
exportable *m/f*	exportierbar
la franchise	Freimut, Offenheit
à plusieurs reprises	zu wiederholten Malen
contribuer à qch	zu etw beitragen
l'initiative *f*	Initiative
menacé,e	bedroht
s'étendre	sich ausbreiten

Exercice 5

centralisé,e	zentralisiert

Exercice 6

l'entente *f*	Einvernehmen, Eintracht

Nationalisme et Régionalisme

se déchirer	sich zerfleischen
la tentation	Versuchung
le commencement	Anfang, Beginn
la trahison	Verrat
vaste *m/f*	weit, ausgedehnt
les Alliés *m*	Alliierte
moribond,e	im Sterben liegend
la survie	Überleben
brutalement *Adv*	brutal
le particularisme	Partikularismus
tenir compte de qch	einer Sache Rechnung tragen
tel pays . . . et tel autre	das eine Land . . . und das andere
social-démocrate, sociale-démocrate	sozialdemokratisch
quant à	was . . . (an)betrifft
centraliste *m/f*	zentralistisch
pesant,e	schwer(fällig)
harmonieusement *Adv*	harmonisch
la mosaïque	Mosaik
le canton	Kanton
une douzaine	Dutzend
l'état d'esprit	Denkweise, Geisteshaltung
l'état *m*	Zustand
l'esprit *m*	Geist
la réorganisation	Reorganisation
chevaucher qch	über etw hinausgreifen
maritime *m/f*	See-, Meeres-
fluvial,e	Fluß-
harmoniser	in Einklang bringen
la zone industrielle	Industriegebiet
le quartier résidentiel	Wohnviertel
la Bade	Baden
la cicatrice	Narbe
recouvrir	wieder bedecken
le tissu	Gewebe; Stoff

Exercice 7

le recul	Zurückgehen
la disparition	Verschwinden
le maintien	Beibehaltung

Exercice 8

trahir	verraten
s'étonner de	staunen über

L'Europe des Neuf

fusionner	sich zusammenschließen
être en vigueur	in Kraft sein
la monnaie	Währung
l'unité de compte	Rechnungseinheit
physique *m/f*	physisch, körperlich
varier	variieren
la fluctuation	Schwankung, Fluktuation
la cour de justice	Gerichtshof
le recours	Berufung, Beschwerde
la consultation	Konsultation
le suffrage universel	allgemeines Wahlrecht

L'Europe en quelques dates

instituer	gründen
signer	(unter)zeichnen
le véto	Veto
le droit de douane	Zoll
éliminer qch	etw aufheben
ratifier	ratifizieren
la Norvège	Norwegen
poser sa candidature	sich bewerben
le système monétaire	Währungssystem
l'application *f*	Anwendung

Alphabetische Wortliste

Die Zahlen verweisen auf das Dossier, in dem das betreffende Wort erstmalig vorkommt.
Fettgedruckte Wörter gehören den Wortschatzlisten des DVV an.

A

à l'aide de 5
à l'avance 1
à l'égard de 12
à l'exterieur de 8
à l'heure actuelle 10
à l'occasion de 3
à la demande de 12
à la fois 1
à la place 7
à la retraite 7
à notre tour 3
à nouveau 9
à part 10
à partir de 3
à peine 3
à plusieurs reprises 12
à quel sujet 4
à travers 6
à votre place 8
abandon 11
abandonner 10, 11
abattre 5
abondant,e 11
aboyer 8
absolu,e 5
académie 7
acadien,ne 6
accélérer 9
accrocher 11
accueil 6
achat 5
acheteur 5
acier 12
acte 2
action 5
actionnaire 5
actualité 12
actuel,le 10
adapté,e à 8
adhésion 12
administration 9
admirable 11
admirer 7
adolescent,e 10
adopter 8
adoptif,-ve 2
adorer 7
adresser 3
s'adresser à 7
adverbe 5
aéroport 8
(bonne)**affaire** 5
affiche 3
affreux,-se 11
africain,e 6
Afrique Noire 6
agence de publicité 5
agent commercial 4
il s'agit de 3
agrandir 8
agréable 1
agressivité 2
agriculture 9
aide 5
s'aider de 5
ainsi 4
ainsi que 3
air 8
alcoolique 2
Alger 12
Algérie 6
aller voir 2
s'en aller 2
Alliés 12
alors que 3
Alpes 1
alphabétisation 6
Alsace 9
Alsacien,ne 9
amateur 11
âme 1
améliorer 8
aménager 7
amener 4
amicalement 3
amitiés 3
amour 2
amoureux,-se de 8
amusant,e 5
analphabète 6
anarchique 8
âne 11
anglophone 6
animateur,-trice 7
animation 11
animé,e 7
animer 8
anniversaire 3
annoncer 7
annuel,le 4
ANPE 4
antinucléaire 9
Antilles 6
antiquaire 7
s'apercevoir de 6
apparaître 5
apparent,e 10
appartenance 12
appartenir 2
appeler 4
applaudir 8
application 12
apprécier 12
apprendre 10
apprendre à 2
s'approcher 3
arabe 6
arabisation 6
arbuste 11
argent de poche 10
Argonne 1
argot 10
aristocratique 5
arrêter 12
s'arrêter (de) 3
arrière-cour 8
arriver à faire 9
arrondissement 9
arroser 3
art 7
artificiel,le 5
artisanal,e 7
arisanat 4
artiste 6
aspect 5
s'asphyxier 8
aspirateur 1
Assemblée Nationale 9
s'assembler 10
s'asseoir 4
assistance 11

assistant,e social,e 4
assister à 3
association 7
association de défense 8
associé,e à 10
assurer 8
atelier 7
atome 10
attraper 1, 11
attribuer 12
au choix 7
au contraire 4
au fait 1
au fil de 6
au fond de 8
au hasard 7
au lieu de 10
au loin 3
au long de 7
au nom de 12
au pied de 7
au sein de 12
au sujet de 8
au titre de 12
aube 1
auberge 7
aucun,e 3
audio-visuel,le 7
auditeur, -trice 11
augmentation 4
augmenter 4, 5
auprès de 7
auteur 12
authentique 7
autodidacte 12
autogestion 9
automatisation 4
automobile 8
autorisation 8
autorité 10
autorités 9
autour 3
autrement 1
Autrichien,ne 11
Auvergnat,e 9
Auvergne 1
avancer 4
s'avancer 3
avant de 2
avant que 2
avantage 1
avant-hier 8
avenir 9
avertir 10
avion postal 8
avocat,e 4
avoir à voir avec 2
avoir du mal à 2
avoir honte 9
avoir les pieds sur terre 9
avoir passé l'âge 5
avoir peur 2
avoir tendance à 9
axe 12

B

Bade 12
bagarre 3
se baigner 1
baisser la tête 9
bal 3
balade 7
se balader 7
baleine 11
ballet 7
bande 9
banquier 12
(en) bas 5
Basque 9
battre 11
Bavière 12
beau-frère 8
beauté 5
beaux-parents 3
bébé 11
belle-famille 3
belle-fille 2
belote 7
bénévole 7
besoin 5
bête 11
bêtement 5
bêtise 2
béton 8
bibliothécaire 12
bicyclette 7
bien des 3
bien entendu 11
bienvenue 3
biologique 8
bis 8
bistrot 7
se blesser 4
bois 7
boîte aux lettres 5
bombe 10
bon sens 11
bonheur 2
boue 11
bouger 5
boule 3
bouleverser 11
bouquin 1
bouquiniste 7
bourgeois,e 11
bourré,e 8
bourse d'échanges 11
bricolage 7
bridge 7
britannique 4
brouillard 1
bruit 1
brûler 8
brut 4
brutalement 12
bureau de tabac 5
bureaucratie 12
but 2

C

c'est ça! 2
c'est exact 4
ça alors! 11
ça fait ... que 1
ça suffit! 8
ça vaut la peine 4
ça y est 11
cadeau 3
cadre 8
caisse 11
calme 1
camarade 10
Cambodge 6
Cambodgien,ne 6
campagne 5
camper 10
campeur 1
canadien,ne 6
candidature 4
caniche 11
canne à sucre 6
canton 12
CAP 10
capable 4
car 11
caractère 10
caractéristique 7
caravane 1
carnaval 3
carrefour 8
carte postale 3
carton 1
caserne 10
casque 10
se casser qch 4
catalan,e 9
catalogue 11
catastrophe 1
catégorie 7
catholique 12
cause 1
causer 9
ce ...-ci 5
CECA 12
céder 10
célébrer 3
célibataire 2
celle(s), celui 5, 6
celui-ci/là 11
centimètre cube 10
central,e 9
centrale nucléaire 8
centralisée 12
centralisme 9
centraliste 12
centre-ville 8
cependant 6
certain,e 5
certes 12
certificat 4
CES 7
cesser 3
ceux 4
CFDT 4
chacun,e 1
chaise 8
chaleur 1
chaleureux,-se 3
champ 6
chancelier 12
chancellerie 12
changement 7
changer d'avis 12
chant 3
chanter 2
chapeau 2
chapelle 9
chasse 8
chasser 11
chasseur 11
chat 11
chauffeur 6

chaussée 8
chercer à 2
chevaucher 12
cheville 7
chez lui 7
chez soi 1
chien 1
chignon 2
chimique 8
Chine 2
chinois 6
choix 4
chômeuse 4
choral,e 7
choriste 12
chou 11
chouette 5
chrétien -démocrate 12
cicatrice 12
ci-dessous 1
ci-dessus 3
ci-joint 6
cicatrice 12
cigare 5
cigarette 5
cimetière 11
cinéaste 6
circulation 1
cirque 7
ciseaux 7
citer 4
citoyen 9
civil,e 3
civilisation 6
claquer la porte 10
claquettes 7
classe 6, 11
classe de neige 8
Clermont-Ferrand 9
climat 8
cocher 1
cocker 11
codification 6
codifier 6
coiffeur,-euse 4
coin 3
colle 7
collège 7
colonial,e 6
colonie 6
colonie de vacances 1
colonisation 6
colonne 5
colorant 8
combattre 8
combiner 4
comédie 7
comédie musicale 7
comité 8
Comité de Libération Nationale 12
comme 1
comme si 10
commencement 12
comment ça? 6
commenter 4
commerçant 1
commerce 4
commercial,e 4
commissaire 11
commission d'enquête 10
commun,e 8
communautaire 2
communauté 2
commune 3
communistes 12
compagnie 11
compagnon 11
competence 9
complet 1
complètement 2
complexe 11
se compliquer 8
comportement 11
composer 12
composition 12
compromis 3
compter 3
compter faire 11
compter sur 5
concerner 6
conclure 10
conclusion 12
concours 3
concurrence 12
condoléances 3
conduire 9
confédération 4
conférence 12
confiance 5
se confondre avec 9
congé 1
Congo 6
Congolais,e 6
connaisseur 5
conquête 12
consacrer 7
conseil 2
Conseil des Ministres 4
conseiller 5, 9
conservateur,-trice 9
conserver 9
considérer 11
consommateur 5
constituer 12
constitution 12
construction 7
construire 2
consultation 12
consulter 8
contenter 3
contenu 7
contester 9
continent 6
continuer à 5
contradiction 4
contrainte 8
contraste 7
contribuer 12
contrôle 9
convaincre 3
convenir 2
coopération 10
corde 3
cordonnier,-ère 4
corporel,le 7
correspondre 3
corse 9
Côte-d'Ivoire 6
couci-couça 7
couloir 1
coup de soleil 1
couper 8
couple 2
cour 8
cour de justice 12
courage 2
courant,e 4
course 3
coût de la vie 4
coûter cher 4
coutume 9
cracher par terre 9
créateur 6
créateur,-trice 7
créatif,-ve 7
création 4
créer 5
crème 5
créole 6
Creuse 11
crever de 1
crier 2
croire à 5
croire en 6
croiser 10
croque-monsieur 7
cruauté 11
cuisinier,-ère 4
cultivé,e 4
cultiver 11
culture 6
curieux,-se 8
curriculum vitae 4
cycliste 7

D

d'après 1
d'autre part 11
d'autres 1
d'ici là 11
d'une part... d'autre part 12
Dahomey 6
dans 4
dans ces conditions 9
dans la plus stricte intimité 3
dans le domaine de 6
dans quelles proportions 5
dans un premier temps 6
date 1
davantage 4
de diverses manières 5
...de formation 12
de grâce 8
de haut en bas 5
de la part de 4
de moins en moins 9
...de plus 6
de toute façon 1
de toute première importance 6
de toutes ses forces 11
se débarrasser de 2
débat 7
debout 9
se débrouiller 2
début 3
décès 3
se déchirer 12

décidé,e à 9
décision 8
décoration 7
découvrir 12
décrire 3
défaire 2
défavorisé,e 9
défendre 4
défense 8
définir 12
dégât 6
dehors 8
delta plane 10
demande 4
demandeur 4
démarche 8
demeurer 10
démission 4
démissionner 9
démocrate 9
démocrate de progrès 12
démocratie 9
déodorant 5
dépanner 10
département 9
dépassé,e 3
se dépêcher 4
dépense 3
déplacer 8
se déplacer 7
député 9
dernièrement 11
dès 9
dès que 11
désagréable 10
désastre 1
déserteur 10
désespéré,e 4
désir 5
dessin 7
dessiner 8
dessins animés 7
détester 7
détruire 8
développement 6
développer 6
deviner 3
devoir 12
dialecte 9
dialoguer 6
dictionnaire 6
diction 11
Dieu 10

différence 3
différent,e 3
digestion 7
diminuer 4
diplomate 6
dire amen 2
direction 7
diriger 5
discipline 12
discipliné,e 12
discothèque 10
discours 3
disparaître 4
disparition 12
dispensaire 9
dispersé,e 6
dispute 10
distant,e 12
distraction 10
distraire 7
divers,e 5
diversité 6
divertissement 7
divorce 7
divorcé,e 2
dizaine 9
docteur ès lettres 12
documentaire 7
dogmatique 10
dogmatisme 10
domaine 6
dommage 1
donner droit à 4
donner sa démission 4
dont 2
Dordogne 1
dortoir 8
dos 5
double 6
doute 5
doux,-se 2
douzaine 12
drame 3
drapeau 3
drogue 7
se droguer 10
droit 4, 12
Drôme 7
ducasse 9
Dunkerque 9
durable 12
dynamique 4

E

eau de toilette 5
échange 11
échanger 4
échapper à 10
écharpe 3
échec 1
échelle 4, 8
écho 8
écologique 8
écologiste 8
économie 7
économies 8
économiser 8
Ecosse 1
écoute 10
écrivain 6
édition 8
éducateur,-trice 10
éducatif,-ve 7
éducation 2
effet 5
efficace 5
effort 8
effrayant,e 10
égal,e 9
également 7
égalité 3
égoïste 3
élargir 8
élargissement 12
électeur,-trice 9
élection 8
électoral,e 6
Electricité de France 9
électrique 1
élève 7
élevé,e 6
élever 2, 11
s'élever 11
éliminer 12
élire 12
élu 3
embauche 4
embaucher 4
emmener 1
empêchement 3
empêcher 7
employer 4
employeur 4
emprisonner 12
en ce moment 4
en contradiction avec 4

en face 8
en fait 5
en faveur de 3
en fonction de 1
en grande partie 12
en gros 11
en l'absence de 8
en matière de 7
en même temps 1
en particulier 10
en plein,e … 6
en pleine forme 1
en priorité 12
en promotion 5
en retard 4
en retraite 8
en tant que 12
en théorie 6
en vue de 11
enchanté,e 7
endimanché,e 3
endormi,e 11
énergie 8
énervement 8
enfance 9
enquête 2
entente 12
entraîner 12
entretenir 10
s'entretenir avec 5
envers 11
environnement 8
époque 3
époux 3
éprouver 7
équipement 10
esclave 8
espace 8
espéranto 6
espionnage 7
espoir 2
esprit 12
essentiellement 11
s'établir 11
étagère 7
étalement 1
étape 6
état 12
Etat 6
s'éteindre 6
s'étendre 12
étonné,e 5
s'étonner 12
étouffer 8

être au chômage 4
être au service de 5
être aux petits soins de qn 2
être dans les affaires 5
être en grève 7
être en train de 1
être en vigueur 12
il est question de 3
être humain 11
étudier 4
Europe I 11
européen,ne 4
eux-mêmes 4
s'évader 12
éveiller 5
évident,e 5
évolution 11
évoquer 12
exact,e 4
examen 1
excursion 3
exemplaire 6
exister 7
expérience 4
expérimental,e 6
exploiter 11
exportable 12
exprimer 5
s'exprimer 6
extrait 7
extraordinaire 3

F

fabricant 5
fabrication 5
fabriquer 5
fac 2
facile 2
facilement 2
façon 6
facteur 7
faible 12
faire confiance à 5
faire de son mieux 3
faire des économies 8
faire du mal à 7
faire faire qch 5
faire grève 4
faire l'amour 10
faire la cour à 2
faire la cuisine 2
faire la sieste 7
faire part de 3
faire passer l'envie à 5
il fait nuit 1
se faire connaître 6
se faire mal 4
faire-part 3
fait 12
il fallait 1
falloir 4
familial,e 10
fanfare 3
fasciste 12
fatigue 1
fauché,e 5
il faudra 3
il faudrait que 2
il lui faut 5
fédéral,e 12
fédéralisme 12
fédération 12
félicitations 3
féminin,e 4
ferme 2
fermé,e à clé 8
fermeture 11
festival 6
fête foraine 3
feu d'artifice 3
ficelé,e 11
fidèle 11
fier/fière de 9
figurez-vous 1
Finistère 9
Flamand,e 9
Flandre 9
fleuri,e 3
fleurir 11
fleuriste 3
Florence 3
flou,e 10
fluctuation 12
fluvial,e 12
foire 3
folklore 9
fonction 12
fonctionnaire 7
fonctionner 6
force 11
forcé,e 11
forêt 1
forme 5
formule 3
formuler 3
fort 3
fort,e 6
foule 1
fragile 1
frais 4
France d'Outre-Mer 12
franchise 12
francophonie 6
frapper 12
fraternité 3
fréquent,e 10
fric 5
froid 1
fuel 8
fuite 11
fumée 8
fumer 2
furieux,-se 5
fusil 11
fusionner 12
futur,e 3

G

garantir 5
garde 11
garde-forestier 11
garder rancune 12
garer 8
gâteau 2
gâter 2
gazon 11
gêner 10
généralité 10
génération 6
généreux,-se 10
genre 7
gentiment 6
géranium 11
gerbe 3
germanophone 6
gibier 11
glace 3
globe 6
goût 1
gouvernement 4
grâce 8
grâce à 5
grâce à Dieu 10
grainetier 11
grand air 8
Grande Ecole 6
La Grande Motte 1
grande surface 11
grand-chose 7
grand-rue 8
graphique 7
gras,se 3
gratuit,e 7
Grec, que 6
Grèce 12
grève 4
grille 5
gros,se 10
gym 2
gymnastique 7

H

habitué,e 4
s'habituer à 9
haïtien,ne 6
handicapé,e physique 7
haoussa 6
harmonie 8
harmonieusement 12
harmoniser 12
hasard 7
(de) **haut** 5
haut,e 6
Haute Autorité 12
Haute-Volta 6
Hazebrouck 9
hectare 11
hélas 11
herbe 2
hésitation 5
heures d'ouverture 7
hexagone 9
hier 3
histoire 5
historique 7
hollandais,e 7
homme d'affaires 12
homme politique 12
honte 9
horreur 7
horrible 11
hôtellerie 4
huître 3
humour 5
hygiène 1

I

idée fixe 2
idiot,e 10
illusion 11
illustration 8
image 2
imagination 7
imaginer 1
immigré,e 4
implantation 9
importance 6
importation 8
import-export 4
imposer 6
impression 7
impressionné,e 10
imprudent,e 10
inaction 8
inadmissible 5
incompréhensible 5
inconvénient 1
incroyable 8
indépendant,e 6
indifférence 11
indiquer 4
individu 10
indulgence 10
indulgent,e 10
inégalité 10
inévitable 3
infériorité 12
influence 5
influencer 7
information 5
informer 5
initiative 12
inondé,e 3
s'inquiéter 4
inquiétude 10
inscrit,e 6
insister sur 1
s'inspirer de 4
installation 7, 8
installer 8
s'installer 3
instituer 12
instituteur,-trice 8
institution 12
s'instruire 4
instrument 6
insulte 11
insupportable 5
intacte 1
intelligence 5
intelligent,e 5
intention 3
interdire 8
intéressé,e par 7
intérêt 5
interlocuteur,-trice 9
interviewer 7
intimité 3
intolérable 5
inutile 1
inventer 5
invention 10
invités 2
involontaire 5
Irlande 9
itinéraire 9

J

jalousie 2
jaloux,-se 11
jardinage 11
jardiner 11
jardinerie 11
jardinier 8
jeter 3
jeu de mots 5
joie 3
jonque 3
joyeux,-se 7
jugement 11
juger 5
jumeler 12
juriste 12
justice 11

K

kermesse 3

L

l'autre jour 2
la plupart des 2
là-haut 8
lâcheté 11
lainages 5
se laisser prendre par 8
lampe 1
lancer 11
langage 10
langue d'usage 6
langue officielle 6
Languedoc 9
lapin 11
laquelle 4
Larzac 9
latin,e 9
lavage 5
laver 3
le plus ... possible 1
leçon de conduite 10
lecteur,-trice 7
lecture 7
lendemain 12
lequel 7
lesquelles, lesquels 7
lessive 5
lexique 10
Liban 6
libéral,e 9
libération 12
liberté 3
lié,e à 12
lieu 7
ligne 4, 11
Lille 9
lillois,e 9
limiter 8
linguistique 9
liste 3
littéraire 6
littérature 6
local,e 9
locataire 8
logique 9
loi 10
lointain,e 7
Loiret 11
lorsque 12
loterie 3
lotissement 3
Louis XIV 9
Louisiane 6
Lozère 1
lui-même 4
lumière 1
lutte 8
Lyonnais,e 9

M

macaroni 11
machine à écrire 5
maçon 7
magazine 5
Maghreb 6
maintenir 6
maintien 12
maison de poupée 5
maître 11
majesté 12
majorette 3
malgré 11
malheureusement 4
Mali 6
manège 3
manière 2
manifestation 7, 9
manipuler 12
manquer 3, 4
marchand 3
marche 3
marcher 4, 8
mariage 2, 3
marié,e 2
mariée 3
se marier 2
marine marchande 12
maritime 12
marque 6
marqué,e 12
masculin,e 4
matériel 7
matinée 3
Mauritanie 6
mauvaise herbe 8
mauvaise odeur 8
mécanicien,ne 10
mécanique 10
mécontent,e 5
mécontentement 5
médical,e 4
médiocre 10
membre 12
même si 10
menacé,e 12
mendier 10
mener 4
mentalité 10
mentir à 10
mercantilisme 10
mériter 10
merveilleux,-se 1
Mesdames 9

métal 7
Métropolitain,e 8
mettre en garde 8
se mettre à 1
meubles de style 7
mien,ne 6
milieu 11
mince alors 11
mine 1
ministère 9
ministre 4
ministre des affaires étrangères 12
minorité 1
minuit 2
miracle 12
mise en commun 12
mission 12
moche 11
modalités 7
moderniser 12
modeste 11
mœrs 10
moi-même 7
momie 11
mondial,e 1
monétaire 12
monnaie 12
mono-industrie 9
monologue 5
monstre 1
monter 1, 7
monumental,e 7
se moquer 3
moral,e 10
moribond,e 12
mort,e 9
mortel,le 4
mosaïque 12
Moselle 12
motard 10
mot-clé 10
motivation 11
moto 5
motoculteur 11
mourir 10
mouton 9
mouvement 2
moyen d'expression 6
moyenne 4
municipal,e 3
municipalité 1
mur 1
musical,e 7
music-hall 7
musicien,ne 12

N

n'est-ce pas? 5
nager 2
naïf,-ve 7
naissance 2
nation 9
national,e 3
nationalisme 6
nationalité 4
Nations-Unies 6
natte 2
nature 1
naturel,le 8
naturellement 10
nazisme 12
ne quittez pas 4
nécessaire 5
nécessité 5
néerlandais,e 9
neige 8
neiger 1
net 4
nettement 5
nettoyer 11
neuf,-ve 8
ni … ni 6
Niger 6
nombreux,-se 2
nommer 12
non seulement … mais aussi 12
Norvège 12
nourrir 11
Nouvel An 3
Nouvelle-Calédonie 6
nucléaire 8
nulle part 9
numéro 8

O

obéir 10
obéissant,e 9
objecteur de conscience 10
objet 5
obligation 10
obsèques 3
observer 8
obtenir 4
occasion 3
occidental,e 12
Occitan,e 9
Occitanie 9
Océan Indien 6
Océanie 6
occuper 7, 9
odeur 8
œuvre 6
officiel,le 6
offrir 3
oiseau 8
ombre 1
opération 5
opérette 7
opinion 3
opposition 11
orage 1
orchestre 3
ordinateur 5
organisation 2
organisme 9
orgueil 12
orgueilleux,-se 6
original 10
original,e 4
origine 4
oser 2
ou (alors) … ou (bien) 4
outil 11
ouverture 7

P

page 5
paix des ménages 7
palais 7
panne 7
par écrit 7
par hasard 7
par le passé 4
paraître 4
parc 7
parcours 7
pareil,le 7
parenthèses 2
parents 1
parfois 2
parfum 5, 8
parlement 9
parler fort 3, 9
parmi 4
parole 6
parpaing 8
partager 4
parti 4
participation 7
participer 2
particularisme 12
particularité 9
particulier,-ère 4
partie 11
partout 4
parvenir à 2
pas mal de 2
passé,e 12
passer commande 11
passer de … à 1
se passer 3
se passer de 5
passe-temps 11
passionnant,e 11
patience 11
patins (à glace/ roulettes) 10
patois 9
patronage 6
se payer qch 1
Pays Catalan 9
Pays de Galles 9
paysage 7
peau 1
pêcher 11
peindre 8
peine 3
peinture 12
pelle 7
pension 1, 2
perceuse 7
permettre 2
permis de chasse 11
permission 10
perpétuellement 9
personnage 5
personne d'autre 3
personnellement 4
perte 3
pesant,e 12
pétition 8
pétrole 8
pétrolier 8
peuple 6
peur 2

pharmacien,ne 4
phénomène 11
philosophique 10
physique 12
Pie XI 12
pierre 7
pirate 9
pile 1
pinces 7
pique-nique 7
pirate 9
pire 11
Pise 3
placer 8
plaine 8
plaisanter 3
plante 8
planter 11
plaquette 7
plat,e 8
plein,e 6
plein de 8
pleurer 3
pleuvoir 1
plus ou moins 9
plus ... plus 4
plusieurs 2
plutôt que 6
point de vue 7
point noir 10
pointu,e 8
politique 2
pollué,e 9
pollution 8
pommier 8
pool 12
populaire 3
Port Grimaud 1
se porter sur 5
pose 7
poser des problèmes à 1
poser sa candidature 12
posséder 10
possible 2
postal,e 8
poste 4
pot 11
potager 11
poterie 7
poule 11
poupée 5
pour la première fois 4
pour le meilleur et pour le pire 11
pour que 2
pour quelle raison 9
pour soi 4
pourcentage 6
poursuivre 11
pourtant 1
pousser 5, 11
pouvoir 8
pouvoir d'achat 4
pouvoirs 9
pratique 2, 7
pratiquer 7
précédent,e 6
précéder 3
précis,e 10
préfabriqué,e 10
préférable 10
préfet 9
préjugé 12
premier ministre 9
prendre deux kilos 1
prendre l'avis de 9
prendre sa retraite 11
prendre une décision 8
prénom 4
présence 6
préserver 8
présidence 12
président 6
presse 12
se presser 7
prêt,e à 2
prêter 7
prêter l'oreille à 9
prévenir 8
prévu,e 3
principal,e 5
priorité 12
prise 3
privilège 11
prix littéraire 6
proche 9
(se) procurer 7
producteur 5
produire 5
produit 5
prof 2
professions libérales 4
profit 8
profiter de 5
profond,e 9
progrès 11
progression 11
projet 2
se promener 11
promettre 4
promoteur 8
prononcer 3
proportion 5
proposer 2
proposition 3
propre 6, 9
propreté 12
propriétaire 8
protéger 10
protestation 8
protester 8
prouver 2
provenir 8
proverbe 11
province 4
prudent,e 10
psychanalyste 11
psychologique 7
PTT 7
public 5
public,-que 3
publier 8
puisque 9
puissance 12
puissant,e 5
pular 6
punir 9
purement 7
Pyrénées Atlantiques 9

Q

quai 7
qualité 2
quant à 12
quartier résidentiel 12
Québec 6
Québécois,e 6
quelqu'un,e 1
quelque part 7
quelques-uns. -unes 8
queue 11
qui est-ce qui 7
quinze jours 6
quotidien 11

R

rabais 5
racine 9
radio pirate 9
raison 4
raisonnable 7
ramener 7
rancune 12
rangé,e 8
rapide 5
rappeler 1
rapport 2
rapporter 5
rapprochement 12
rare 1
rassurer 6
ratifier 12
rattachement 12
ravi,e 1
rayon 11
réagir 10
réalisation 12
réaliser 7
réaliste 6
réapparaître 9
récemment 10
réception 3
recherche 5
récital 12
réclamation 5
réclamer 10
réconciliation 12
reconnaître 1
reconstruction 12
reconstruire 12
recours 12
recouvrir 12
recul 12
reculer 9
redécouvrir 7
redevenir 9
rédiger 4
réduire 4
réellement 6
refaire 7
réfléchir à 4
réflexion 5
réfrigérateur 5
refuge 12
refuser 2
régional,e 8
régionalisme 6
régionaliste 9

règle 5
regrettable 5
regrouper 6
régulièrement 7
relation 10
relativement 6
relever 8
religieux,-se 7
reliure 7
remarquable 10
remarque 4
remarque! 1
rembourser 5
remettre 2, 5, 9
remettre dans l'ordre 5
remettre en question 2
remettre sa démission 9
remplacer 6
renaissance 9
renard 11
rendre 1, 5
rendre service à 10
rendre visite 3
se rendre à 7
se rendre compte 2
renoncer à 6
renouveler 11
renseignement 3
se renseigner 7
rentrée 2
se renverser 6
réorganiser 12
réorganisation 12
réparer 10
repartir à zéro 2
répartir 4
répartition 9
repeindre 7
réplique 4
reportage 7
repos 7
se reposer 1
reprendre 4
représentant 4
républicain,e 3
république 3
réserve 11
résidentiel,le 12
résister à 5
ressources 12
respecter 3
responsable de 9
ressemblance 11
ressembler à 2
ressources 12
restaurer 9
résultat 2
retard 4
retentir 3
retourner 6
rétrécir 5
rétro 7
retrouver 9
réunir 8
réussir 2
réussite 1
réveil 9
se reveiller 9
réveillon 3
revendication 9
revenir 8
revenir cher 10
rêver 2
revers 8
revivre 9
révoltant,e 5
se révolter 10
revue 5
richesse 8
rire 2
risible 10
risque 10
risquer 10
rivalité 2
rivière 9
roi 9
rôle 2
romand,e 6
rond,e 3
roseraie 11
rouge-gorge 8
se rouler 11
Rousillon 9
routine 7
routinier,-ère 7
Royal-Canin 11
Royaume-Uni 12
rusé,e 11
rythme 7

S

sacrifier 9
sagesse 11
sain,e 1
St. Tropez 1
sali,e 9
salle des fêtes 8
salon 7
saluer 10
sans arrêt 8
sans doute 5
sapin 8
satisfaire 3
satisfait,e 5
saucisson 5
sauf 3
saumon 11
savoir faire 2
savon 5
scandale 11
scène 4
scie 7
science 10
sciences 6
scientifique 10
scolaire 1
sculpture 12
séance 9
secret 11
secrétaire d'Etat 12
secrétaire général adjoint 12
secteur 8
sécurité 4
Sécurité Sociale 4
selon 1
sembler 4
semer 11
sénat 9
sénateur 12
Sénégal 6
Sénégalais,e 6
sens 7, 8
sens unique 8
sensation 7
sensible (à) 10
sentier 7
sentir 8
sentir bon/mauvais 8
séparatiste 9
série 10
sérieux,-se 3
service 8
service militaire 10
service national 10
servir qch 3
servir qn 5
servir à qn 5
servir de 11
se servir de 5
sévère 10
sévérité 10
sexualité 2
sexuel,le 2
Seychelles 3
show-business 10
siècle 9
siège 12
signal 4
signaler 10
signature 12
signe 10
signer 12
silence 3
sincère 3
singulier,-ère 10
sirène 5
situation de famille 4
sketch 7
slogan 5
snobisme 10
social,e 4
social-démocrate 12
socialisme 10
socialiste 4
Société des Nations 12
soi-même 7
soin 2
solaire 8
solidité 7
solution 3
sonner 7
sorte 10
sortir 11
soudain 3
souffle 11
souffrir 10
souhait 3
souhaitable 6
soulagé,e 3
sourd,e 10
sourire 9
souris 11
sous 1
sous-estimer 10
sous-préfet 9
souterrain,e 8
SPA 11
spécifique 8
sportif,-ve 12
stable 4
stand de tir 3
stationner 8

statistique 6
statut 10
stress 4
strict,e 3
stupide 5
subir 10
substitut 11
succès 1
suffire 8
suffrage universel 12
suggérer 7
Suisse, Suissesse 6
suite à 11
sujet 10
superbe 1
superflu,e 6
supérieur,e 5
supplémentaire 12
supporter 1
supprimer 5
sur le plan de 1
sûr,e de soi 10
surface 10
surinformé,e 5
surpeuplé 1
surpeuplement 1
surprenant,e 11
surprise-partie 3
surtout si 10
survie 12
symbole 8
syndical,e 7
syndicat 4
système 12

T

tabac 5
table ronde 3
tableau 5
tablier 2
tant de 3
tapisserie 7
un tas de 2
taux 12
technique 6, 7
tel… tel 12
téléspectateur 6
téléviseur 5
tellement 1
témoin 11
tempête 6
temporaire 4
tendance 9
tenir 6
tenir bon 5
tenir compte de 12
tenir parole 9
tentation 12
tente 1
tenté,e de 10
terminer 11
terrain 1
terrasse 11
terre 9
terres 6
terrible 11
territoire 8
têtu,e 11
thème 3
théorie 6
ticket 5
tiens-toi bien 1
tiers 6
tigre 11
tirage 6
tirer à… (exemplaires) 6
tissu 12
Togo 6
Togolais,e 6
toit 8
tolérant,e 2
tomber 4
tondre 11
total 6
total,e 1
tour 8
tournée 7
tourner en rond 7
tourner le dos à 5
tout le temps 1
tradition 2
traditionaliste 9
traditionnel,le 2
traditionnellement 4
traduire 6
trahir 12
trahison 12
Traité d'Amitié Franco-Allemande 12
Traité de Rome 12
traiter 11
trajet 8
tranquille 1
transformation 8
se transformer en 10
transistor 1
travailleur immigré 4
travailleur,-euse 9
travailliste 4
Trente 12
Trentin 12
triangle 5
tribune 6
tricolore 3
tricoter 2
triple 6
triste 1
troisième âge 2
tromper 5
trompette 5
trottoir 11
troupeau 10
tu n'as pas idée 1
tu parles 1
tuer 8
tueur 11
type 7
typique de 12
Tyrolien,ne 12

U

unanimité 8
uni,e 12
uniformité 10
unique 8
s'unir 12
unité 9
unité de compte 12
université 2
université populaire 9
urbain,e 8
urbanisme 9
usage 3
utilisateur 5
utilisation 5
utiliser 1
utilitaire 11

V

valeur 10
valse 3
varier 12
variété 6
vaste 12
Vatican 12
vélo 2
Venise 3
verger 11
vérité 5
Versailles 9
verser 4, 9
veston 8
vétérinaire 11
véto 12
veuf,-ve 2
vicié,e 8
victime 11
vide 10
Viêt-nam 6
Vietnamien,ne 6
villa 8
vingtaine 8
violence 10
violent,e 9
viticulteur 9
vlamsch 9
vœu 3
voie publique 11
voie-express 8
voix 8
vol 5
volet 8
volontaire 5
voter 8, 12
vous aurez de quoi faire 11
voyage de noces 3

W

wallon,ne 6
whisky 10
wolof 6

Y

yaourt 5
yoga 2

Z

Zaïre 6
Zaïrois,e 6
zone 8, 12
zoo 7

À bientôt 1

Lehrbuch (256 Seiten)
Klettnummer 5281

Arbeitsbuch (101 Seiten)
Klettnummer 52815

Lösungsheft (48 Seiten)
Klettnummer 52819

Lehrerband (148 Seiten)
Klettnummer 52813

Tonträger ohne Nachsprechpausen

Section 1–16 + Tests (2 Cassetten)
Klettnummer 52817

Section 1–9 + Tests (1 Cassette)
Klettnummer 52807

Section 10–16 + Tests (1 Cassette)
Klettnummer 52808

Tonträger mit Nachsprechpausen

Section 1–9 – Filtertexte ohne
und mit Nachsprechpausen (2 Cassetten)
Klettnummer 52809

Bildfolien
Klettnummer 52814

Hör- und Sprechübungen (1 Cassette)
Klettnummer 52805

Lektüren (73 Seiten)
Klettnummer 528301

À bientôt 2

Lehrbuch (208 Seiten)
Klettnummer 5282

Arbeitsbuch (120 Seiten)
Klettnummer 52825

Lösungsheft (88 Seiten)
Klettnummer 52829

Lehrerband (176 Seiten)
Klettnummer 52823

Tonträger ohne Nachsprechpausen

Dossier 1–12 (3 Cassetten)
Klettnummer 52827

Hörtexte zum Arbeitsbuch
(1 Cassette)
Klettnummer 52803

Testaufgaben (52 Seiten)
Klettnummer 52801

Hörtexte der Testaufgaben
(1 Cassette)
Klettnummer 52802

Bildfolien
Klettnummer 52824

Lektüren (89 Seiten)
Klettnummer 528302

Bildquellen
Agence pour les Economies d'Energie, Paris: 95 - Les Amis de la Terre, Paris: 99 - Atlas, Paris: 28 - Bavaria, Gauting: 66; 78; 94 - CFDT, Paris: 51 - Charmet, Paris: 41 - Clovis, Paris: 140 - Deutscher Verlag, München: 53,2 - DPA, Stuttgart: 103 - Explorer, Paris: 36; 67,2; 94; 104; 127 - Fotogram, Paris: 43 - Gamma, Paris: 95; 101; 103; 123 - Garanger, Paris: 10 - Gruson, Paris: 132 - Horn, München: 83 - Hovivian, Paris: 62 - Kroma, Caissargues: 108 - Leykauf, Nürnberg: 72,1 und 2 - Magnum, Paris: 3. Umschlagseite - Mouvement Socialiste Occitan, Gentioux: 109 - Objectif, Montbéliard: 97,1 und 2 - Preußischer Kulturbesitz, Berlin: 53,1 - Rapho, Paris: 27; 76; 90; 91; 94; 117; 118 - Rey, Paris: 29 - Schweitzer, München: 88 - Serre, Paris: 131 - Sperber, Hamburg: 67,1 - Thiel, Stuttgart: Titelfoto - Vollmer, Essen: 110 - Windenberger, Aix-en-Provence: 16; 17; 109. - Karten: G. Wustmann, Mötzingen.

PONS

PONS-Reisewörterbücher

Wer ein Land auf eigene Faust entdecken will, braucht Neugier, etwas Wagemut und den Kontakt mit der Bevölkerung. PONS-Reisewörterbücher von Klett helfen Kontakte schaffen, den Alltag im fremden Land bewältigen. In 14 Kapiteln bieten sie Redewendungen zu typischen Situationen, ein Mini-Wörterbuch in beiden Richtungen gibt zusätzliches Sprachmaterial. Farbige Bebilderung und Texthinweise helfen das fremde Land besser verstehen. PONS-Reisewörterbücher sind daher ein nützliches Instrument, um einen Auslandsaufenthalt vorzubereiten. Damit Aussprache und Betonung leichter gelernt werden können, gibt es zu jedem Reisewörterbuch die passende Compact-Cassette.

Englisch (Klettbuch 51861)
dazu Compact-Cassette (Klettnummer 51871)
Französisch (Klettbuch 51862)
dazu Compact-Cassette (Klettnummer 51872)
Italienisch (Klettbuch 51863)
dazu Compact-Cassette (Klettnummer 51873)
Spanisch (Klettbuch 51864)
dazu Compact-Cassette (Klettnummer 51874)
Portugiesisch (Klettbuch 51866)
dazu Compact-Cassette (Klettnummer 51876)
Serbokroatisch (Klettbuch 51867)
dazu Compact-Cassette (Klettnummer 51877)
Türkisch (Klettbuch 51869)
dazu Compact-Cassette (Klettnummer 51879)
Griechisch (Klettbuch 51868)
dazu Compact-Cassette (Klettnunnmer 51878)
Schwedisch (Klettbuch 51812)
dazu Compact-Cassette (Klettnummer 51822)
Dänisch (Klettbuch 51813)
dazu Compact-Cassette (Klettnummer 51823)
Niederländisch (Klettbuch 51814)
dazu Compact-Cassette (Klettnummer 51824)
Arabisch (Klettbuch 51811)
dazu Compact-Cassette (Klettnummer 51821)

Klett **Punkt für Punkt zuverlässig**